心一堂術數古籍珍本叢刊

書名：後天神數（六十四卦配奇門本）（中）
系列：心一堂術數古籍珍本叢刊　星命類　神數系列　第三輯　292
作者：舊題【宋】邵雍
主編、責任編輯：陳劍聰
心一堂術數古籍珍本叢刊編校小組：陳劍聰　素聞　鄒偉才　虛白盧主　丁鑫華

出版：心一堂有限公司
通訊地址：香港九龍旺角彌敦道六一〇號荷李活商業中心十八樓〇五—〇六室
深港讀者服務中心‧中國深圳市羅湖區立新路六號羅湖商業大廈負一層〇〇八室
電話號碼：(852)9027-7110
網址：publish.sunyata.cc
電郵：sunyatabook@gmail.com
網店：http://book.sunyata.cc
淘寶店地址：https://sunyata.taobao.com
微店地址：https://weidian.com/s/1212826297
臉書：https://www.facebook.com/sunyatabook
讀者論壇：http://bbs.sunyata.cc/

版次：二零二一年五月初版
平裝：三冊不分售

定價：港幣　八百八十元正
新台幣　三仟八百八十元正

國際書號：ISBN 978-988-8583-89-8

香港發行：香港聯合書刊物流有限公司
地址：香港新界荃灣德士古道二二〇—二四八號荃灣工業中心十六樓
電話號碼：(852)2150-2100
傳真號碼：(852)2407-3062
電郵：info@suplogistics.com.hk
網址：http://www.suplogistics.com.hk

台灣發行：秀威資訊科技股份有限公司
地址：台灣台北市內湖區瑞光路七十六巷六十五號一樓
電話號碼：+886-2-2796-3638
傳真號碼：+886-2-2796-1377
網絡書店：www.bodbooks.com.tw
台灣秀威書店讀者服務中心：
地址：台灣台北市中山區松江路二〇九號一樓
電話號碼：+886-2-2518-0207
傳真號碼：+886-2-2518-0778
網絡書店：http://www.govbooks.com.tw

中國大陸發行　零售：深圳心一堂文化傳播有限公司
深圳地址：深圳市羅湖區立新路六號羅湖商業大廈負一層〇〇八室
電話號碼：(86)0755-82224934

心一堂微店二維碼

心一堂淘寶店二維碼

睽

後天離之兌

離之兌　休

三十五六元吉

乾　大運交至壬戌間　窮通得失子細參

坎　不豐不殺春秋日　這幾年間道平安

艮　人生自古皆有死　怎敵此造寿元高
　　大限一百零七歲　駕鶴攜琴上九霄

震　丁日午時貴無雙　不比尋常田舍郎
　　虎跳蛟騰聲名遠　龍樓鳳閣姓字揚

巽 離 坤 兑

大運壬寅是非場　多少憂驚在其間
風天點燭最易滅　陸地行舟去必難
妻交四十九歲中　喜生一子在門庭
今言樹老不結子　誰知菓結晚更紅
十八九歲數交通　災害紛紛纏繞身
欲上天兮天無路　欲入地兮地無門
日躔降婁雷發聲　桃杏爭妍在仲春
生你正當二月二　龍抬頭兮上天宫

離之兑　休

離之兌 生

乾

十九二十喜開懷　定有好事進門來
展步去上丹霄路　姮娥引上鳳凰台

坎

壬寅運至有憂驚　財源散去似浮雲
風吹葉落枝難定　浪撼孤舟櫓不停

艮

行運初交壬戌中　正似浮雲掩月明
得養晦兮且養晦　宜求通兮且求通

震

芝蘭種石發苗晚　蟠桃在山結菓遲
年庚交至四十九　洞房吩咐聽兒啼

巽 離 坤 兌

雙親位上一爻晦　父命推來地四金
若問慈母何庚相　后天斷定馬年生
父親定就居寅宮　屬虎之相已归陰
猴母有寿春常在　孤燈獨伴聽晨鐘
五十四五數不佳　是非纏身亂如麻
一生駁雜居須記　百方謹慎百方差
前世陰隲積得深　今生定養好兒童
七子之内有一貴　出類拔萃大超群

離之兌　生

離之兌　傷

乾

五十四五意何如　作事不須費躊躇
棟折榱崩重新換　車倒輪推再振扶

坎

一對鴛鴦交頸鳴　月老係足配成婚
妻宮屬馬庚午相　必是路旁土命人

艮

壬寅運中仔細推　財利盈門大芳菲
鮮花著雨多生彩　枯木槎枒也發輝

震

雙親爻相同一宮　算來皆在虎年生
老父衰拜归泉下　慈母健旺享長春

巽 離 坤 兌

五行四柱論命宮　老樹開花菓結成
父年交至四十九　你命一定降凡塵
鴻雁南飛叫聲忙　蘆花深處應悽愴
你命生於閏九月　上旬二日到人間
壬戌運交頭漸白　名利途中莫苦求
天還念爾殷勤苦　報爾殷勤解此秋
不務詩書不務農　瓦磚常在手中輪
今歲修起東西位　明年又去蓋樓庭

離之兌　傷

乾 坎 艮 震

離之兌　杜

壬戌運中數不高　篤舟入海起波涛
官詞口舌非由己　惹氣傷財命裡招
伯仲叔季排成行　手足主定同一娘
上二兄來下一弟　人人叫你是老三
鶯燕紛紛不稱心　鴛鴦分散再尋盟
佳人主定尅兩箇　后續馬相保和平
雪花朵朵滿庭中　開放梅花味更馨
生你正當臘月內　初二呱呱聽泣聲

巽

進親位上仔細求　父是屬虎母屬猴
二人健旺高堂上　寿比彭祖八百秋

離

癸天得美扇

運交壬寅主吉祥　財祿盈門喜氣揚

坤

美玉山前生翠色　明珠海底起紅光

兌

女運交來至甲寅　遊魚得水九江行
插柳家從柳上起　種花定有賞花人

離之兌　杜

乾 坎 艮 震

離之兌　景

八字排定論五行　春滿花開雨后紅
三个兒郎命中帶　長子生在虎年中
乾坤喜遇同一宮　雙親皆在虎年生
寿源直可齊松柏　人人皆羨白頭翁
君家手足有四雙　天生已定是同娘
次序排來你最小　各吐襟懷耀門墻

訟端不息

巽 離 坤 兑

嶺上梅花初綻蕋　算來的是小春囬
十月初二靈胎满　婆親生你到羅幃
千里烟缘令世逢　夫妻皆在虎年中
一對鴛鴦長結伴　桃紅柳綠躍三春
鷗鷺紛紛不共盟　佳人雖相命归陰
后娶属馬為夫婦　百歲光陰百歲同
此刻生人仔細求　聰明悞用實堪愁
棄了多少可做事　錢場之内把財丢

離之兑　景

離之兌　死

乾　坎　艮　震

睡穩鴛鴦遭雨打　屬兔佳人入土中
皆因命裡時刻定　再娶屬馬壽如松
月將交躔壽是下星上　蟄蟲培戶息藏龍
若問元長何時降　算定八月初二生
進親位上仔細求　五行分別卦中投
二人列在寅申位　父是屬虎母屬猴
花開蝴蝶鬧春光　姐妹三人兩位娘
次序定就你身小　命中合定配才郎

巽 離 坤 兑

三十五六先否後喜

女命生來與午冲　夫君屬馬定归陰
駁雜艱難前已定　獨守孤燈起怨心
妻命原來是屬猴　寿源促短世難留
留下老父屬馬相　獨享遐齡景象悠
大運交至戌土間　蹭蹬官爵有災殃
不是自己遭貶黜　也主罣悞受悽愴

離之兑　死

離之兑　驚

二親宮中仔細尋　母命屬虎去归陰
留下老母屬狗相　獨在堂前享大齡

乾

三十五六靜凶

坎

日躔鶉火温風至　荷花開放滿池火
生你堂在六月内　初二呱呱畫堂中

艮

梨花開發葉層層　姐妹宮中有五人

震

次序排來你最小　正如金菊對芙蓉

巽離坤兌

青春嫩花初結子　夜間虺蛇入夢中
若問女命何時降　父交一十七歲零
大運壬戌最為良　官星健旺祿馬强
善政及民真父母　冰清玉潔又焉貪
卦爻推算無遺意　后天查對二雙親
椿萱皆在寅宮上　父母共生虎年中
壬寅運交旺而奇　推就吉凶難改移
上五年全蹄獵兔　下五年破網撈魚

離之兌　鷩

離之兌　開

乾

虹藏不見天氣升　雉入大水化為蜃
生辰主定閏十月　一十三日降凡塵

坎

人生那有百年壽　祿馬逢空命不堅
归根落葉辭人世　五十五歲到黃泉

艮

三十五六先喜后否

震

天賦聰明會讀書　文心妙悟比相如
二十三歲恩星照　身入黌門超士途

巽
夜問虺蛇入夢來　天仙冉冉下瑤臺
母年交至四十五　一朵鮮花室內開

離
大運交來至壬寅　美惡原在卦中分
上五年旱苗枯槁　下五年嫩樹崢嶸

坤
月將交躔是實沈　倉庚在樹弄巧聲
若問你身何時降　四月初二到庭中

兑
壬日午時氣象高　奮志淩雲上碧霄
鳥化鵬飛千萬里　龍樓鳳閣自英豪

離之兑　開

履

後天乾之兑

乾 坎 艮 震

乾之兑　休

流年五十五一逢　作事如意趁心情
積土成山千倍利　蘭田種玉獲奇珍
姻緣配合數中知　雨打荷花枝葉依
白蠟金命妻宮定　龍相庚辰年上奇
運至壬子百事成　福祿榮華主大通
家門康泰人興旺　十載緜緜百福生
震卦詳推父母宮　定來此刻有刑冲
父是屬鼠先尅去　慈母屬虎正家風

巽　離　坤　兑

命中之理最精奇　后天數内洩天機
若問君身何日降　父親四十七歲時
元鳥归來仲秋天　日躔寿星桂花鮮
生辰已定閏八月　二十二日降堂前
大運交轉至壬申　各成利就大遂心
從今袖手安居樂　莫管人間事（下）閒（上）情
此刻生人定不差　學成一藝在天涯
若問該為何事業　成衣手段却堪誇

乾之兑　休

乾　坎　艮　震

乾之兌　生

大運交來至壬申　多少不遂在心中
官詞口舌皆由命　百方忍耐保和平
鴻雁高飛在碧空　手足宮中定得清
兄弟四人你為首　生身却是一母親
月下操琴指下忙　何期調急兩絃傷
室人已定尅二箇　再娶屬龍命相当
暮冬天氣雪花飄　三友松梅竹影交
美景生於十一月　二十二日産根苗

巽 生身欲問是何秋　父命屬鼠母屬猴
一天雨露從天降　椿萱並茂福悠悠

離 鴻毛遇順風

坤 運交壬子事事成　福祿禎祥大亨通
家門康泰添喜氣　財帛安然趁心情

兌 女運行來甲子中　多財多福長精神
萬朵鮮花開雨後　閨門之內笑顏生

乾之兌　生

乾之兑　傷

人生若問男女宮　多少原來是前因
長子立了屬鼠相　后日還要添兩丁
母命合亥虎年降　父親合丑子歲生
乾坤位上俱康泰　壽如松柏萬年青
伯仲叔季成准耦　八人俱是一母生
次序之中你居二　富貴窮通各不同

乾

坎

艮

震　狹路逢寬

巽　離　坤　兑

節交霜降季秋天　斗建戌兮菊蕊鮮
生長正當九月內　二十二日定胎元
人生若問姻緣事　夫妻同是屬鼠人
玉堂松柏林中茂　丹桂下生長芙蓉
鴛鴦相會結同盟　命中帶定尅妻星
佳人屬雞難偕老　永遠共守要屬龍
此刻生人緣最奇　相通背地火人知
一未娶來一未嫁　生男生女不須題

乾之兑　傷

乾之兑　　杜

乾　坎　艮　震

人生八字命由天　推來乾卦不虛言
妻宮屬兔難偕老　再娶屬龍自安然
日躔鶉尾孟秋天　涼風時至聽寒蟬
生辰已定七月內　二十二日定胎元
卦爻推算理多端　年限逢親不一般
父命已定屬鼠相　申年猴相母親安
此刻生人女命强　看來手足不同根
上不見姐下一妹　如冰似玉水泉香

巽離坤兑 三十一二先否後喜

此女刑冲在命宫　夫君匹配是屬龍
中途撇你西天去　留下獨自伴孤燈
父母宫中同一位　算來兩命皆屬猴
母氏已作泉下鬼　父在堂前景色悠
大運交轉至申金　猶如良驥陷泥中
作事不順多碍手　蹭蹬官禄主虛驚

乾之兑　杜

乾 坎 艮 震

乾之兑　景

父命已定屬猴人　獨在堂前享百齡

母氏已作泉下鬼　原來却是虎年生

三十一二靜凶

日躔鶉首螳螂生　反舌應候已無聲

生辰已定五月内　二十二日降凡塵

嫦娥對對下天宫　姐妹不是一娘生

上無一姐下四妹　算你定然是頭名

巽 離 坤 兑

巽卦屬耦本少陽　此刻生來定非男
父年正交十五歲　洞房之中女見娘
榮華本在命中藏　運至壬申福祿昌
祿位豐盈宜另選　加官進爵姓名揚
八字排定卦中詳　進親位上仔細參
父親屬鼠子年降　母氏屬虎寅位藏
運交壬子兑卦中　吉凶無定細推尋
上五年和風甘雨　下五年枯木待春

乾之兑　景

乾　坎　艮　震

乾之兌　死

雉入大水化為蜃　日躔析木水始冰

閏十月內初三日　沐浴胎泥見母親

此歲凶星入命宮　惡耀臨身禍不輕

五十三歲大限到　去上西天不轉程

三十二先喜後否

少年發憤把書攻　奮志專心到翰林

三十一歲紅鸞喜　定然入泮至黌門

巽 離 坤 兌

母年正當四十三　天然生你到人間
丹桂庭前生瑞氣　門臨五福又平安
運交壬子事難成　許多不遂在心中
上五年間多不利　下五年來自亨通
碧桃開放景悠悠　風捲殘花隨水流
生辰三月二十二　春花開綻牡丹頭
壬日辰時喜事重　命中主定大超羣
必食天祿居高位　光前裕後沐君恩

乾之兌　死

乾之兌　驚

乾　坎　艮　震

生平自樂天地真　一輪明月半邊紅
元辰正月二十二　滿門喜氣事俱新
此造主定命源長　松柏何能畏曉霜
寿至一百零五歲　別離陽世到陰間
十四五歲流年凶　隄防疾病受災侵
若非土命人相救　難保一命在世存
運交壬子未亨通　災禍臨身口舌生
出入求財多不遂　幾場煩惱幾場驚

巽　壬申運中論吉凶　船到江心起大風
幸有稍翁來下罩　不至翻覆受憂驚

離　丁日離明時甲長　今生必作官遊人
官福二星皆拱照　遷拔仙郎到玉京

坤　三十一二元吉

兌　人生立子喜非常　門庭吉慶最為良
妻宮行年四十七　生子傳家福壽長

乾之兌　驚

乾　坎　艮　震

乾之兑　開

丹桂庭前最茂隆　蓁蓁五子耀門庭
内中主定有貴命　仕途路上發奇名
運行交來至壬申　荊山美玉抱璞中
奇財定許為世用　暫將匿彩養天真
五十五一命不同　船到江心起大風
憂愁驚恐嚇破胆　四望無人出救星
卦中定主慈母相　年庚原是屬龍人
老陽得位分次序　父親必是地四金

巽 離 坤 兑

命到壬子時運否　幾番美中却不美
謀望心事多不遂　作為顛倒落後悔
暮景榮華饒畫堂　花枝開綻晚年芳
陰功積德一兩事　四十七上見兒郎
十五六上流年強　福祿齊來百事昌
求財謀事皆順利　喜氣盈門吉慶祥
兑卦之中定雙親　長短原來數不均
父命屬鼠先辭世　留下老母屬猴人

乾之兑　開

中孚

後天巽之兑

巽之兑 体

乾 五行命理數中窮 推算人間父母親

母氏冲申屬虎相 父親合酉定為龍

坎 青春年少喜無憂 兆應逢蛇是小祥

父年方交十九歲 一朵鮮花降庭前

艮 三十九四十 静凶

震 一生慈祥惻隱心 活人濟世有神功

雖然也是取財利 積得兒孫世代興

巽

桃杏花開各逞妍　姐妹七人一排連
次第定就你居六　並非同母降胎元

離

卦爻查對壬辰運　十載前后不相同
上五年登樓賞月　下五年井裡撈冰

坤

腐草為螢暑熱天　火輪懸挂在簷前
生辰六月十二日　門迎瑞氣親意歡

兑

一爻吉兮一爻凶　尅去母親屬兔人
老父屬鼠悠悠寿　在堂獨有鼓盆聲

巽之兑　休

巽之兑　　生

乾

看得月將躔實沈　麥秋已至王瓜生

正當四月十二日　靈胎落地見母親

坎

一朵鮮花應候開　天宮降下女裙釵

若問你在何時降　母當四十七歲來

艮

馬走橋上樑柱折　船到江心底板開

大限六九零三歲　魂升魄降赴陰台

震

壬辰運裡定否泰　下尅上兮水不流

上五年行船失槁　下五年乘馬騎牛

巽

寒窗十載苦用功　專待文運大亨通

二十五歲君際遇　脫白換藍光祖宗

離

壬日申時貴無窮　令生主定大超群

庫積金銀倉積粟　皇王殿上奏奇功

坤

三十九四十先喜後否

兌

梅花帶雪嶺上白　湖風吹戶遍體寒

生你正閏十一月　二十三日下九天

巽之兌　生

巽之兑 傷

三十九四十元吉

乾 坎 艮 震

此命難享清閑福 東來西去受奔忙

左肩倒在右肩上 挑得担子過時光

享寿雖難比彭祖 亦是世上罕見人

直至一百零九歲 魂魄無影上西天

壬字日干時戊申 不與浮花浪蕊同

腰金衣紫身榮顯 食禄千鍾奉聖君

巽

大運交來至壬辰　人走敗地火精神
千層浪裡舟不穩　百尺竿頭難動身

離

妻年交至三个五　洞房之内喜氣生
青春嫩花初結子　祖先陰德及君身

坤

二十二三身受災　突殃禍患一齊來
馬逢曲巷難展步　良玉未琢土又埋

兑

桃李爭妍在三春　聽得倉庚弄巧聲
二月正當十二日　靈胎落地見母親

巽之兑　傷

巽之兌　杜

乾

二十三四流年美　正似桃花帶雨濃
官幹私為皆吉利　財庫冲開萬兩金

坎

運交壬辰不可誇　烈風猛雨打殘花
人若遇比十年景　去財惹氣事如麻

艮

此刻生人仔細詳　父金母火久安康
妻惟土木纔伴老　水年火月見兒郎

震

人言樹老不開花　我道開時百倍佳
五十一歲紅鸞照　麟兒天賜屬君家

巽 離 坤 兌

巽卦之內定准爻親　一爻晦暗一爻明
慈母屬猴無移易　老父必是地面金
離卦之內攸爻凶　若是屬龍定归陰
猴母獨在高堂上　衾寒枕冷伴孤燈
五十八九凶又凶　財原散去似浮雲
若不修省極力守　又恐人口不安寧
命定佳兒主生災　多生必然死幾胎
獨言病源只一子　帶破始得放心懷

巽之兌　杜

巽之兑　景

乾

五十八九流年豐　掘開土穴見黃金
作事營求皆稱意　田蠶六畜始加增

坎

一對鴛鴦水上遊　妻財子祿不須愁
佳人配定石榴木　庚申年生屬是猴

艮

壬辰運裡最亨通　浮雲化盡月顯明
作賈易獲三倍利　穩坐也得百兩金

震

數中推算父母宮　父是屬龍归去陰
虎母健旺高堂上　獨伴孤燈冷枕衾

巽離坤兑

石上芝蘭異衆芳　你命挺生到人間
父交五十又一歲　門上懸弧增笑顏
季秋天氣雁南旋　黃菊開放滿籬邊
生辰壬定閏九月　一十二日定胎元
龍虎榜上題名姓　錦綉文章進士成
只緣犯了皇王法　身遭革退是白丁
此命不是殺人漢　為何手輪一把刀
只因學會輕巧藝　割了人間多少毛

巽之兑　景

巽之兌　死

乾

天地生人貴又尊　掌管天下第一人
世上萬萬貴無比　霞光紫霧繞君身

坎

孤雁高飛千里外　鷗鷺獨立江水濱
手足宮中無倚靠　形單影隻繼門庭

艮

鋼斧劈開連理枝　急水又分比目魚
洞房佳人尅二个　再娶屬猴壽而奇

震

雪花亂舞在當空　斗柄輪轉在丑宮
臘月正當十二日　你命一定下凡塵

巽

雙親位上定得清　兩命原來不相同

二人寿可齊松柏　母是屬猴父屬龍

離

農夫逢大有

坤

運交壬辰最亨通　重重喜事到門庭

良苗得了連夜雨　駿馬奔馳萬里程

兌

女運交來至甲辰　花開春日滿園紅

喜面常對菱花照　精神分外加幾層

巽之兌　死

巽之兌　驚

子息多火是前因　后天卦上斷得真
長男若立屬龍相　定有兄弟成三人
乾坤二爻皆健旺　父母必定享遐齡
慈母冲申命屬虎　嚴君冲戌定為龍
棠棣花開枝葉繁　兄弟五人耀門墻
數中前定你居二　一母生來大吉祥

乾
坎
艮
震　失其資斧

巽

雪花飄飄滿地飛　父母生你在羅帷
借門元辰是何日　十月十二小春回

離

並頭蓮花藕生歲　夫妻相會似芙蓉
五百年前結了對　兩命原來俱屬龍

坤

結髮佳人命屬雞　黃泉身入暗悲啼
重婚再配屬猴婦　戲水鴛鴦永不離

兑

苦心勸君君莫怪　百般事兒你不愛
令生迷了賭博路　銀錢到手去得快

巽之兑　驚

乾坎艮震

巽之兑　開

命主尅妻是前緣　佳人屬兎喪黃泉
再娶屬猴為夫婦　白頭相守永團圓
日躔寿星鳥養羞　時值八月正中秋
中旬十二君出世　桑榆田地有時收
二親庚相兩不同　艮卦之內斷得明
母居申位屬猴相　父居辰地定為龍
蚨蜨穿花滿院香　姐妹宮中止兩雙
次第排來你居小　前定一父不一娘

巽離坤兑

三十九四十先否后喜

錯配姻緣怎奈何　鴛鴦折散受蹉跎
夫君屬猴入了土　暗地思來怨恨多
后天卦上斷得清　尅了屬雞老母親
留下屬鼠生身父　寿比商山四皓公
運行子地不為高　江內行船浪滔滔
去財惹氣還是小　官爵蹭蹬受煎熬

巽之兑　開

漸

後天巽之艮

巽之艮　休

大運交來至戊辰　土氣重重掩閉金
上戊字妻多不利　下五長字命源通
后天卦象文王留　查命全憑時刻投
雙親位上安排就　母命屬蛇父屬猴
瑞雪紛紛遍地飄　仲冬之月虎始交
生你定閏十一月　二十一日下九霄

乾　坎　艮　震　二十三四小有悔

巽

格局敦厚秀而文　心雄萬里荷君恩
官居外籓廉從一品　巡撫部院職位尊

離

梅花香味李花黄　雨足春園味更香
若問女命何時降　母親正當二十三

坤

庚日生在申時間　不作凡夫俗士看
食祿千鍾人爭羨　去到朝中伴居王

兑

屢考不第莫厭心　待得時來命自通
流年交至四十九　脫白換藍光祖宗

巽之艮　休

巽之艮　生

乾　坎　艮　震

乙日申時貴無窮　今生必作人上人
不惜文章能報國　祿高養良厚荷恩深
祖宗積德姓名揚　才高班馬飽文章
玉階獻策三及第　獨占鰲頭狀元郎
胸前一塊壓酒肉　背后負得熬菜鍋
此命若還無帶破　定要早歲見閻羅
南極老人照命宮　寿元高邁似老彭
直到八十零五歲　悠悠一夢去陰中

巽 二十三四无咎

離 運交庚子論吉凶 十年之內却和平
雖然求財無利益 不至招災受憂驚

坤 花開果結秋季中 皇天不負積善人
佳人年交二十七 洞房之內子降生

兌 行運交來至戊辰 垂頭喪氣火精神
災殃冉冉從天降 作事務要加小心

巽之艮 生

巽之艮　傷

乾
若問子息何時生　年交二十七歲零
青春嫩花結了菓　后日光大顯門庭

坎
二十三四永貞吉

艮
今生撇了紅塵事　古佛堂前去點燈
清風明月爲侶伴　吃齋把素善女人

震
運行庚子事若何　十年之內險難多
風霜雨雪經歷久　得勝將軍奏凱歌

巽 五十六七流年交　災患重重禍事招
船到江心風浪起　馬負重物上危橋
離 運行戊辰數多窮　錢財好似土上冰
古鏡不磨為塵掩　皓月當空雲霧朦
坤 父命沖戌是屬龍　己至荒郊入土中
留下老母苦心守　沖子却在馬年生
兑 文王易數定准父親　老母一定猴年生
留下嚴君爻象晦　地二生來火命人
巽之艮　傷

巽之艮　　杜

父母宮中父屬龍　未到百年寿先終

乾

老母屬鼠添延寿　獨在堂中伴孤燈
五十七八流年豐　花開遇雨色更紅

坎

二年主定添財寶　合得喜事兩三宗
妻宮位上數多凶　一連七个去归陰

艮

須要認過八岳父　方得百年偕老人
運交戊長數多奇　十年之内作根基

震

禾苗得了又時雨　千倉萬箱慶有餘

巽

運交庚子花已殘　財利盈門福祿全
萬事從今宜釋手　不必貪求暗損元

離

妻宮位上細推求　一對鴛鴦水畔遊
佳人生在丙申歲　山下火命是屬猴

坤

卦爻斷定父屬猴　未到百歲入荒卯
慈母屬猪主有寿　獨對孤燈淚長流

兌

庚星拱照在庭中　夜間夢兆應羆熊
若問君命何日降　父交二十七歲零

巽之艮　杜

巽之艮　　景

乾

父命屬猴天減祿　欲睹音容到黃泉
慈母定就屬蛇相　撫養蘭桂到百年

坎

運行庚子欠和平　官詞口舌不離門
一生駁雜顛險處　去財惹氣又受驚

艮

人生那得十分全　一處不足也心酸
四體五官無有碍　只是舌短難為言

震

鸞鳳和鳴傷其翼　結髮妻宮難到頭
室人已定尅一个　永遠相守要屬猴

巽

運轉戊辰百事詳　蘇秦說主至道邦
六國聽子合縱計　高車駟馬耀一鄉

離

此命若有兄和弟　不死一定要別離
註就一人承祖業　孤雁高飛繞太虛

坤

坤卦之中陽氣藏　陰爻吉產女嬌娘
鴛鴦枕上花花對　后來結果是兒郎

兌

卦爻排就准親相　母親屬馬父屬龍
二人均立高堂上　悠悠自在享遐齡

巽之艮　景

巽之艮　死

乾

今歲流年星遇凶　疾病災殃主尅身
延過此歲還有壽　速禳五緯保三分

坎

坎卦一陽陷二陰　算就人間子息宮
長男定了屬龍相　兩株丹桂立堂中

艮

女運交轉至庚申　多財多帛多精神
喜事一宗還未了　又有一宗到門庭

震

鴻雁高飛在當空　斷定手足居震宮
兄弟五人同一母　算就你是第一名

巽

初配佳人是屬羊　豈期刑尅命已亡
重婚必是猴相好　天長地久百年强

離

進親之相在離宮　上下二陽捧一陰
嚴慈二位全寿有下上　母親屬鼠父屬龍

坤

插柳成林

兌

進親爻象皆健旺　令生一定到白頭
若問二人是何相　母氏屬豬父屬猴

巽之艮　死

巽之艮　驚

尺蠖曲

乾　坎　艮　震

佳人誤配是屬牛　半路相逢不到頭
若問偕老鴛鴦配　后天斷定必為猴
運交子水欠安平　定有災殃降任中
因公罣誤遭貶黜　小心謹慎受虛驚
震卦推就進親相　沖子合酉仔細尋
后天斷定難移改　母氏屬馬父屬龍

巽

二親定就母屬羊　未到百年命先亡
鼠父留下天增歲　立業振家獨在堂

離

雙親位上離卦求　母命屬蛇父屬猴
二人皆享長年福　子孫繼美不須愁

坤

月老錯配姻緣薄　夫君屬猴命不堅
半路撇你西天去　共姜操守歷風煙

兌

呈色到手知高下　皮錢短數計不清
若問此人做何事　長在市頭錢換銀

巽之艮　驚

巽之艮　　開

乾　坎　艮　震

蛈蜨對對下瑤台　姐妹七人一齊來
數中前定自居四　算就同父不同胎
母氏推就是屬牛　閻王路上不回頭
亂父居坎值旺地　在堂獨自淚長流
大運交來至戌辰　十年否泰不相同
下五辰字居坎地　上五戌字上青雲
二親之命震宮求　老父爻顯定屬猴
母值晦象尋反對　冲巳生在猪年頭

巽
論命先查父母宮　時按自然對分明
青山綠水乾坤定　母氏屬鼠父屬龍

離
此刻生人子息艱　離卦之內細審詳
若水土三歲就死　是金火方保命長

坤
運交丙子金水明　暗中驛馬助官星
玉階有路君能步　獨對丹墀受誥封

兌
二十三四无大咎

巽之艮　開

震

後天震之震

震之震　休

乾　人生那有百年寿　花甲一週福禄全
大數已盡難逃躲　魂升魄散到九泉

坎　秉性直傲難容物　一言半語不留情
論來到也無毒意　生平只是嘴打人

艮　運交流年到乙卯　逢此災殃定不小
口舌不安主破財　謀為顛倒生煩惱

震　鵝毛剪碎下瑤瑤　惟有梅花傲雪飄
閏十一月初九日　丹桂堂前産異苗

巽 癸日生於癸亥時
不借文章華國選
離 紫燕穿簾孟夏天
生辰四月二十八
坤 大運交至乙亥中
幸有六合神相救
兌 二十二歲客

震之震 休

聲名直到鳳凰池
紫袍冠帶佩金魚
靈胎滿月降塵緣
晚景福祿自安然
隄防災禍來及身
壞裡呈祥自得寧

震之震　生

乾

行運初交乙亥間　正似明月隱雲端
追得天上廣開日　萬里山河照不難

坎

戊日癸亥時非凡　光前裕顯後門墻
鳳凰誰敢名凡鳥　不借文章見君王

艮

四柱推求子息宮　家財合該與外人
請看百年身死後　兔郎推就是螟蛉

震

看得桃杏花正發　搖身不定大風刮
借問元辰何日降　正是二月二十八

巽 人生立子是前因 何日熊羆入夢中
妻年交至三十整 洞房之內見兒童

離 二十一二貞吉

坤 乙卯運中大不祥 陰雲蕩蕩蔽三光
求謀難遂心中願 人口六畜欠平安

兌 五十二三數欠通 平地無水困蛟龍
論來難展奔騰勢 且暫屈居在心中

震之震 生

震之震　傷

運行乙卯百事祥　財源茂盛家業昌

乾

有鳥高飛及雲表　巨魚縱在大壑間

人言樹老結菓難　豈料芝蘭晚歲香

坎

六十六上逢吉卦　洞房喜産一兒郎

父母宮中爻相殊　母命原來是屬猪

艮

天五生數父命土　卦爻推算又多途

丹桂開時花倍好　蟠桃結實菓不凡

震

弟兄三位爭前后　內有一位是貴郎

巽

父親生身在未宮　相是屬羊已归陰
母命屬雞寿悠遠　孤孀獨守享遐齡

離

五十三四流年通　出入求財逢貴星
虎入山林伏百獸　鳳在丹山衆鳥尊

坤

人生此刻何營生　耕讀途中莫問津
算你定做陶朱事　掙他世上金與銀

兌

運行交至乙亥中　錢財兒女滿堂增
從今享此清閑福　何必勞精又費神

震之震　傷

震之震 杜

乾 坎 艮 震

天生此刻最為佳 命宮也主享榮華

運交未字有名望 損納前程毫不差

進親位上仔細詳 尅去父親是屬羊

留下屬兔生身母 在堂獨自守孤孀

洞深莫怪雲出晚 海濶休嫌浪至遲

若問君身何日降 父交六十六歲時

祖業無多衣食艱 不能安坐獲財鄉

若問此命做何事 大街小巷去敲梆

巽

草木黃落季秋臨　鴻雁高飛有遠聲
閏九月當二十八　生你呱呱畫堂中

離

乙亥交來事難成　諸務瑣碎不遂心
更有白虎照本命　官詞口舌欠安寧

坤

月老配合男女婚　前世姻緣今世逢
妻宮屬豬癸亥相　大海水命是前因

兌

大運乙卯百事祥　財源豐厚五福添
雖有小恙不為害　田蠶六畜悉繁昌

震之震　杜

震之震 景

乾 坎 艮 震

曲奏不終絃屢斷　比目魚遭猛浪分
佳人定就魁三箇　四房猪相保安平
水澤腹堅季冬臨　雪裏梅花味更馨
生辰本在腊月内　二十八日下九重
乾坤二爻皆健旺　父母今生壽必昌
試問椿萱何庚相　母親屬雞父屬羊
運行走至丁未間　必有喜事到門闌
面照菱花欣樂矣　精神爽利大吉昌

巽　明珠得價

離　若問嗣息何庚相　先天已定兔年生

坤　孤兒獨貺無侶伴　形單影隻耀門庭

兌　一隻鴻雁望瀟湘　兄弟二人同一娘

行中定就你為小　各自持家繼祖堂

父母宮中命相冲　鴛鴦折散兩地分

女命犯了離門煞　隨娘已定作螟蛉

震之震　景

震之震　死

乾

后天註定兄弟宮　雁行排定有六人
次序之內居三位　生身却是一母親

坎

小人謀害

艮

嶺上梅花幾朵開　山頭遠望小春回
生辰已定十月內　二十八日離母胎

震

大運交至亥水中　官祿健旺倍光明
榮華富貴從天降　政績奇異沐君恩

巽

前生前世結奇緣　今世相逢兩意歡
若問女身配何相　即君天定屬羊年

離

后天查對子息宮　全憑時刻斷分明
長男生在羊年上　三子相逢品字刑

坤

乾坤位上爻相强　母命屬兔父屬羊
二人共享遐齡寿　白頭相守百年長

兌

妻財子祿是前因　佳人屬狗命归陰
重婚再配屬猪相　方許偕老共百春

震之震　死

震之震　驚

乾坤位上細推詳　格正理實無遺言
試問二親何庚相　女氏屬雞父屬羊
飛飛蝴蝶在花叢　姐妹六人一父親
數中前定身居三　母氏不同命中逢

乾
坎
艮　二十一二悔
震

運交乙卯震卦詳　否泰原來不一般
上五年有喜有慶　下五年多禍多殃

巽
運行交至乙亥中　官爵至此顯光明
人財兩旺家聲振　勅封恩厚蔭子孫

離
先配妻宮命屬龍　被你冲尅去归陰
重婚屬猪為夫婦　百年相守寿如松

坤
桂花開放朵朵香　天邊鴻雁哼聲忙
生辰正在八月内　二十八日下天堂

兑
母氏註定屬狗相　命不堅牢已入陰
父親有寿高堂樂　算他生在兎年中

震之震　驚

震之震 開

乾

荷開花放滿池塘　時有溫風味更香
若問元辰是何日　六月二十八日間

坎

君家得意去求官　功名到手應何年
二十四歲恩星照　穿藍脫白定居先

艮

虺蛇應兆產非男　父親三十四歲間
生你愛惜如珍寶　桃紅柳綠耀堂前

震

君家手藝比人精　做成貨物白如銀
居民日用尋常器　鏡匣燈台錫蠟鉼

巽

乙卯運中仔縲　吉凶原自不相投
上五年間多不利　下五卯字免驚憂

離

父母之命母屬龍　留你在世他归陰
嚴君註定屬兎相　看養蘭桂長成林

坤

二十一二動凶

兑

命中之理卦中詳　算定乾坤不一般
若問二人何庚相　母氏屬兎父屬羊

震之震　開

豫

後天震之坤

震之坤　休

乾
妻財子祿是前緣　卦爻排列細推源
佳人年至三十四　洞房之內子初添

坎
三十七八无咎

艮
今生也食皇王祿　只是微微數不多
廩膳生員人共敬　朝講夕誦冀登科

震
運行交至辛未中　無風無浪水流平
漸漸流入長江去　那有搏激受憂驚

巽
此造推來寿命長
年限交至九十二
秋天衰草遇嚴霜
一旦無常去西方

離
運交己亥受折磨
雲霧遮蔽三秋月
悔吝交集怨氣多
顛倒駁雜受奔波

坤
上元佳節鬧春燈
春王正月十六日
星月交輝天又考
父母堂前添一丁

兌
丙日生逢辛卯時
雖是未登龍虎榜
此命主貴少人知
也主束帶佩金魚

震之坤　休

震之坤　生

父母宮中母爻旺　屬馬之相壽源長
嚴君已作泉下鬼　沖巳生在猪歲間
流年二十四五臨　顛倒駁雜實難通
雲遮霧罩無風起　何時皓月顯當空

乾　坎　艮

三十七八永貞吉

震

運交巳亥未為佳　東奔西哭亂如麻
浮雲遮了三秋月　暗地悽愴只自嗟

巽

行運初交辛未間　正似積土去為山
吾勸君子宜努力　莫放工夫半日間

離

後天定就雙親相　父母宮中仔細推
天三生數父命木　母生兔年在羅幃

坤

此造奇怪少人知　明明白白辱塗泥
頭上帽子無其數　衣食全憑美貌妻

兑

人生立子皆願早　若是好兒何怕遲
行年交至三十四　洞房吉產一佳兒

震之坤　生

震之坤　傷

白露已過秋風起　鴻雁高飛繞太虛

閏八月當十六日　正是君命降生期

乾　行運文至辛未年　福祿悠悠萬事全

得歌手時且歇手　何必貪求賭損元

坎　二十四五流年高　問利求名樂意豪

蛟龍得勢行雲雨　良驥展步甚道遙

艮　一對鴛鴦在水邊　來來往往叫聲喧

震　妻宮屬兔已卯相　城頭土命鳳和鸞

巽離坤兑

交至乙亥大興隆　蓮花出水不沾塵
問利求名皆吉利　些須小恙莫卦胎
離卦文變動一陰　風雲會合並圖中
父親年當三十四　你命拄然降凡塵
命中帶定剋妻星　一連十二痛斷心
今世說不來生兒　枉使月老繫紅繩
椿萱堂上定年庚　有寿毋命綂年生
嚴君冲己猪歲降　已入黃郊一土中

震之坤　傷

震之坤　杜

乾　坎　艮　震

排定四柱論五行　父母爻象卦內論
陽盛陰衰原不等　當家却是后母親
運交巳亥旺家門　春園落雨草生榮
天從人願財源盛　喜慶重重到你庭
辛未運至不為高　笑裡防避殺人刀
官詞口舌頻頻至　平地風波起禍苗
紫荊花發勝芙蓉　兄弟排來品字形
次序之中你最小　生身原是一母親

巽

斷了一絃又一絃　連傷二婦好心酸
三房屬兔佳人相　方許齊眉到百年

離

后天斷定親庚相　母氏馬年父屬猪
乾坤二爻居旺地　同登寿域享居諸

坤

此命生來不守祖　妻財子禄到處有
入贅他家為女婿　現成枕席現成手

兑

嶺上梅花撲鼻香　水泉動兮漸生陽
生辰已定十一月　一十六日見親娘

震之坤　杜

震之坤　景

蘭吐芳芽

乾　坎　艮　震

結髮佳人是屬猴　半路分離不到頭
重婚再配庚相兔　和鳴鸞鳳永悠悠
子息多少是前因　雁行一對吋當空
長男若立屬猪相　二子傳家福禄均
椿萱堂上定年庚　母氏屬鼠寿百春
老父已就猪相好　松柏同榮一會人

巽　離　坤　兌

手足宮中排雁行　七人已定是一娘
上有五兄下一弟　你命居六耀門墻
菊花開放滿園黃　你命挺然到人間
借問元辰何日是　九月十六下天堂
女運交至癸卯中　多財多帛多精神
好花著雨添紅色　天從人願福壽增
此命生來犯凶星　臨死不與衆人同
無災無病归陰府　堪傷堪痛又堪憐

震之坤　景

乾 坎 艮 震

震之坤 死

一對鴛鴦水上遊 結髮夫君難到頭
試問尅去何庚相 屬兔之命卯宮求
椿萱堂上同屬羊 一个在世一个亡
請詢那位归泉下 母親辭世父壽長
命中之理仔細尋 屬虎佳人半路分
再配屬兎為佳婦 管你相守到百春
牛女相會已過期 玉蕊花開正及時
借問元辰是何日 七月十六報君知

巽

進親位上問何如　后天斷定理不殊

卦爻配合無錯謬　母命屬鼠父屬猪

離

釀得美味甕中藏　開罈氣足十里香

今日賣了五句二　明日又賣七句三

坤

運行未土事多差　半開半謝雨中花

官爵蹭蹬遭顛險　小心謹慎始為佳

兌

漁人待網

震之坤　死

乾 坎 艮 震

震之坤　驚

運交辛未大異常
皇恩屢被如心賞
后天斷定父母宮
老父冲已無錯謬
老母之命是屬牛
父親已定屬羊相
此刻生人定命宮
若是失時三歲死

官星健旺祿馬強
從此聲名達帝邦
母氏屬鼠子年生
却在猪歲降其身
黃泉路上不囬頭
壽似彭祖百年秋
妻宜土木不宜金
惟有水命到百春

巽 離 坤 兌

陰雨淒淒半夏生　郊原聽得反舌聲
五月正當十六日　脫離靈胎見母親
三十七八无大咎
巳亥運至吉凶發　前后原來不一般
上五年將軍上馬　下五年淺水行船
飛飛蝴蝶鬧斜陽　姐妹四人整兩雙
次序定就你三位　原是一父不一娘

震之坤　驚

震之坤　　開

運行交至巳亥中　卦爻斷定吉與凶
巳字五年金埋土　亥字五年鏡摩塵
日躔大梁萍始生　斗柄輪迴建辰宮
三月正當十六日　沐浴胎泥見母親
麋角解時水泉動　嶺上梅花朵朵開
生辰定閏十一月　二十六日離母胎

乾坎艮震

三十七八小有悔

巽

命中帶貴實爲奇　世食天祿不須疑
今生定坐道台位　皇恩深沐萬人知

離

夜間一夢主弄瓦　非熊非羆定非兒
毋年正交三十歲　女命交臨降胎時

坤

辛日正當卯時生　三奇照命貴無窮
定食天祿人欽敬　安邦鎮國有遠聲

兌

屢考不第莫灰心　時來自然命源通
年交五十六歲上　纔得泮池去採芹

震之坤　開

解

後天震之坎

震之坎　休

運交丁未主破財　閑事閑非門裏來

歇雜難遂心中願　雨打殘花枝半開

朔氣吹來透體寒　雪花飄泊滿山川

生辰定閏十一月　三十月盡下九天

桃李枝頭發嫩條　開花結菓最堅牢

妻年正交十八歲　洞房之內產根苗

乾　坎　艮　震

五十三四客

巽

鴟鳩拂羽在三春　雨洒郊原麥隴青
借問汝體何日降　正是三月二十生

離

人生在世似浮雲　七十六年一夢中
秋風蕩蕩飄黃葉　真上西天不轉身

坤

甲日乙亥時非常　登上仕路姓名揚
貴命不借文章選　時邀特賞見君王

兌

乙卯運中子細尋　水下高山勢自平
不急不徐悠且去　無波無浪漸而行

震之坎　休

乾　坎　艮　震

震之坎　生

雙親之命卦中尋　母命屬猪定年庚
天一生數父命水　梅花翠竹到殘冬
父母生我信佳期　東風吹得子規啼
思光喜遇乾坤位　算就正月二十時
艮卦原來是少陽　耦奇變卦合相叅
佳人年至四十六　喜之一子在蘭房
流年三十九九開　破財指禍甚不祥
在山走路逢狼虎　入水行程遇破船

巽 離 艮 兌

五十二四貞吉

己卯運至卦中詳　正似明珠埋土間
幸遇明人來汲引　得價之時世無雙
積善純良天降祥　麒麟星耀落塵凡
年交二十零四歲　門庭之內喜弄璋
運交丁未事多差　半開半謝雨中花
喜事難逢凶事有　謀為顛倒不為佳

震之坎　生

震之坎　傷

乾　坎　艮　震

命中八字皆前定
父年正交十八歲
高飛鴻雁在臺空
兄弟主定人五箇
屬猪之相是嚴君
留下屬狗生身母
行運交來到己卯
從命快釋千金担

乾卦推算無改更
花開結子果然紅
手足排來定得真
應有帶破在其中
算來一命已歸陰
孤燈獨伴聽晨鐘
家業創就人已老
不識時務惹煩惱

巽離坤兌

三九四十好求財　事事如意趁心懷
旱苗得雨勃然旺　逢春枯木自花開
運行丁未景崢嶸　月到中秋分外明
興業興財人顯耀　十年美景萬分成
配合姻緣前世定　清風明月正光明
佳人命是山頭火　屬猪乙亥歲中生

震之坎　傷

震之坎　　杜

乾坎艮震

春園桃李遇狂風　花開空落子難成
此菓不結正條上　偏房生保長成丁
日躔壽星鴻雁來　桂花應節滿園開
生辰已定閏八月　二十氣足降靈胎
運交丁未事業興　十年之內顯崢嶸
無意開山山出玉　有心掘土土生金

巽

已卯運中受奔波　此運一定官詞多
也丟財來也傷氣　小人暗害受折磨

離

比目魚遭猛浪分　佳人一箇主剋刑
再娶屬猪成婚配　方許永遠共同盟

坤

父命原來是屬猪　音容欲見杳然無
老母屬龍孤燈守　看養蘭桂意難疏

兌

一雙鴻雁半天鳴　兄弟二人各有心
此命主定居其次　生身却是一母親

震之坎　杜

震之坎　景

乾

父母宮中年甲異　命生一定寿源强
嚴君屬猪生亥歲　慈母屬狗降戌年

坎

文運已亥最堪誇　家業興隆百事佳
五福迎門生瑞氣　腹中開了玉梅花

艮

杖履優游

震

八字能通造化機　妻宮該尅命難移
屬馬之婦難偕老　再娶屬猪永不離

巽　離　坤　震

後天卦內仔細叅　嗣息原來前世詳
天賜孤兒與後世　一子定然是屬羊
棠花茂盛喜芬芳　兄弟六人一字連
雁行次序居居二　經營各自耀門墻
暮年最喜日遲遲　蘭桂庭前百福齊
隆冬數九十一月　二十是你降生期
紫荊花放葉層層　兄弟三人一母生
次序惟有你身小　各自持家耀門庭

震之坎　景

乾坎艮震

震之坎　　死

人生出世洗胎泥　問君貴造是何期
堂上雙親育汝體　正當九月二十時
運交卯木官星强　卓異聲名萬里揚
君王用汝作舟楫　本性清廉不愛錢
鴛鴦一對碧池浮　交頸和鳴自不孤
女命匹配何庚相　郎君一定是屬猪
萱堂屬馬在午宮　去到門王路上尋
卯宮兔父添延寿　堂前獨聽鼓盆聲

巽

人生在世不自由　早年失耦淚長流
室人屬鼠難偕老　再娶屬豬方到頭

離

花開棠棣各芳芬　手足宮中不一心
同氣連枝俱一母　八龍兄弟你頭名

坤

趙括遇白起

八字排來分五行　父是屬豬母屬龍

兌

二人堂上齊有壽　看得丹桂長成林

震之坎　死

震之坎　驚

乾　五十三四悔

運交丁未坎卦逢　有凶有吉不相同

上五年鳥飛雲表　下五年蛙落井中

坎

運交己卯大發興　正當此地獨崢嶸

龍虎風雲時最旺　利見大人職官陞

艮

父親之命是屬羊　爻居旺地壽必長

震

慈母沖己屬猪相　已入陰曹不返鄉

巽

母氏屬鼠子年降　陽世之間已不留
父親屬兔悠悠壽　三更燈火五更愁

離

五行四柱安排就　八字之中定乘除
若問雙親何庚相　母氏屬狗父屬猪

坤

一群蝴蝶鬧花間　姐妹九人一成雙
上有五姐下三妹　同父一定不同娘

兌

玉蕊花開滿院香　蟬聲不住喚秋涼
若問你身何日降　七月二十見親娘

震之坎　驚

乾 坎 艮 震

震之坎 開

青松翠竹柳長揚　結子開花滿院香
父年正當五十整　鮮花一朵降蘭房
巳日乙亥時上清　必是龍樓鳳閣人
世食君祿登仕路　不借文章貴又尊
丁未運中時限乖　早苗缺雨花不開
若到下五年門看　三日甘霖降下來
八字排定論五行　後天數上斷得清
請君靜聽雙親相　父是屬猪母屬龍

巽
母爻落在休休位　相是屬蛇命難存
堂上幸有屬羊爻　壽源高邁佛（似）古松

離
日躔鶉首半夏生　反舌寂然杳無聲
君命何時降塵世　定在五月二十生

坤
功名遲早終有分　榮枯得失非今生
君年必交四十上　方許遊泮入黌門

兌
五十三四動凶

震之坎　開

後天震之巽

恒

震之巽　休

丁未運至似火焦　琴瑟反絃音不調
幸有解神來護救　免得憂驚受苦勞
今日送了南來客　明日又迎北往人
若問君家何生意　客店買賣苦經營

乾　坎　艮　震

甲日生逢丁卯時　祿馬清奇人共知
今世不借文章貴　以財發達對丹墀
麥秋至兮螻蟈鳴　牡丹花豔勝芙蓉
生長四月初九日　脫却胞胎見母親

巽

嶺上寒梅朵朵香　雪花飄落滿山川
生你正當閏十月　中旬二十到堂前

離

三十七八歲吝

坤

乙亥運中數多窮　諸凡作事難遂情
龍離滄海蠏蝦侮　虎出深山犬也侵

兌

凶煞流年命內逢　春花落盡樹頭空
六十八歲難逃躲　悠悠蕩蕩去歸陰

震之巽　休

震之巽 生

乾 運交乙亥數不高 江內行船起大涛
口舌破財遭顛險 謹防小人暗裡刀

坎 一枕鴛鴦兩意歡 花開花謝幾枝長
若問子是何時立 妻史三十八歲間

艮 命中之理機最玄 格正理實貴多端
運交長在興旺地 官居通判是其銜

震 三十七八歲貞吉

巽

春至花開柳色青　日躔降婁雷發聲
生辰已定二月內　上旬初九下天宮

離

流年二二至二三　災患臨身重若山
欲上天兮缺火路　欲入地兮又無關

坤

乾坤位上仔細詳　二親宮內靜中看
天一生數爻命水　母是生在兔年間

兑

運行交至丁未中　正如泥裡揀黃金
吾勸君子宜努力　方得出頭人上人

震之巽　生

乾坎艮震

震之巽　傷

一對鴛鴦戲彩蓮　后天數定無虛言
佳人乙卯屬兎相　大溪水命配姻緣
父母宮中父象衰　相是屬兎入塵埃
母氏屬狗添延寿　困龍得水上天台
人言樹老葉難成　豈料枯枝發更青
流年交至七十四　生子傳家継門庭
流年二十三四交　作事順利興氣豪
添人進口多通泰　歲月和合萬般高

巽

昆玉宮中多少數　后天斷定有九人
內中必有貴命在　宮花插帽顯英雄

離

運交丁未年就衰　萬事齊備趣心懷
從今宜享悠悠福　劉郎得意上天台

坤

此刻生人命運艱　無多祖業靠人難
百般藝術全不會　憑得受苦過時光

兌

運行乙亥木逢春　枝枝茂盛樹頭青
生意滿足天賜福　多少名利在其中

震之巽　傷

震之巽　杜

明鎗易躲真易躲　暗箭難防最難防
這幾年來交否運　長有小人暗地傷

乾

鴻雁來賓到重陽　菊花開放滿籬黃

坎

生辰巳定閏九月　上旬初九產華堂

艮

父親原是屬兎相　命不堅牢巳入陰
母氏在堂多福壽　冲戌一定是屬龍

震

運交丁未數之通　官詞口舌來臨門
命中遇此多不順　一塲煩惱一塲驚

巽

八字之中仔細猜 全憑時刻五行排
若問此命做何事 手巧能成異樣鞋

離

運交乙亥長精神 財祿悠悠自天生
鼓浪吹沙魚龍化 田蠶大畜一齊興

坤

洞深自然雲出晚 海潤一定浪來遲
父交七十零四歲 正是君命降生時

兌

琴瑟調和忽斷絃 人生尅妻是前緣
一个佳人難伴老 再娶屬兔保命堅

震之巽 杜

震之巽　景

乾

手足宮中知多少　后天推就有四名

一母同胞你最小　各自芳菲耀門庭

坎

發矢中的

瑞雪飄飄季冬天　祥雲片片罩乾坤

艮

生辰已定臘月內　上旬初九到堂前

震

后天斷定子息宮　多寡原來是前緣

長男若立屬猪相　形單影隻耀門庭

巽

巳卯運中最為高　家業興隆百禍消
妻面常對菱花照　精神勃勃任逍遙

離

人生若問姻緣事　妻配屬馬命不長
重婚再娶屬兔相　方能偕老到百年

坤

雙親位上定來清　父命生在兔年中
母氏狗歲無錯謬　均有福寿百歲人

兌

今世妻宮命不長　連尅四个好心傷
若問百年偕老對　五房一定娶屬羊

震之巽　景

震之巽　死

乾
父母宮中定得清　母命原來是屬龍
嚴君生在兔年上　壽比南山四皓公

坎
后天數上查對明　配定夫君兎年生
此是百年偕老對　若遇別相半路分

艮
宜防惡人

震
妻宮位上判分明　若配鼠相半路分
再娶屬兎為佳耦　夫唱婦隨到百春

巽

運交末土多發興　官爵至此甚崢嶸
天酬良善無差報　財源滾滾到門庭

離

鴛鴦簿上註的清　妻宮屬豬定剋刑
再娶屬羊成婚配　方是白頭偕老人

坤

嶺上梅花幾朵開　天邊鴻雁叫聲哀
生辰已定十月內　上旬初九下天台

兌

鴻雁成群望南旋　兄弟九人一排連
上有七兄下一弟　同父同母是夙緣

震之巽　一死

震之巽　驚

乾　坎　艮　震

桂花開放幾枝香　雁行對對過衡陽
八月正當初九日　胞胎落地見親娘
運走丁未大興隆　榮宗耀祖換門庭
丹墀之上承恩寵　玉階獻策發奇名
嫦娥對對下瑶臺　姐妹四人不一胎
次序之中你居二　同父異母天定來
白天查對妻妾宮　屬蛇之婦遭尅刑
重婚再娶屬羊相　方許久遠共同盟

巽 乙亥運否泰不同 巽卦內查對分明
乙字中矢發中的 亥字內馬斷韁繩
離 乾坤位上一爻衰 母命屬狗土中埋
老父已定屬猪相 壽元長久似古槐
坤 三十七八悔
兌 父母宮中定的清 天機預洩畏雷公
試問人間親庚相 母氏屬狗父兔生
震之巽 驚

巽
乙亥運否泰不同　巽卦內查對分明
乙字中矢發中的　亥字內馬斷韁繩

離
乾坤位上一爻衰　母命屬狗土中埋
老父已定屬豬相　壽元長久似古槐

坤
三十七八悔

兑
父母宮中定的清　天機預洩畏雷公
試問人間親庚相　母氏屬狗父兔生

震之巽　驚

巽

巳日卯時貴無窮　今生必作人上人
不借文章誇富貴　以財發身又發名

離

試問二親在何宮　父居卯兮母居辰
父親必是兔年降　母親必是龍歲生

坤

一朵梨花下瑤臺　虺蛇夢兆降女胎
若問女命何時降　父交四十二歲來

兌

荷花開放映日紅　蟬聲不住聒耳鳴
若問你命何時降　六月初九下天宮

震之巽　開

升

後天坤之巽

坤之巽　休

乾

后天斷定准親相　母命屬狗父屬羊
詔光荏苒人難老　同登寿域享年長

坎

女運已未百事佳　春前桃柳雨中花
閨門之内生祥瑞　十年發福定起家

艮

和風甘雨

震

比目魚遭猛浪分　佳人屬馬入土中
后屬下鼠上羊為夫婦　管你到老不相刑

巽

兒女宮中仔細尋　今生難得兩三人
天賜麟男只一个　兔年之上降其身

離

曲奏不終連斷絃　佳人四个去归天
后娶属猪成佳耦　百年相守寿命堅

坤

冬盡春來月轉正　一年將盡此宵中
生你正當腊月內　二十九日見母親

兌

雁陣驚寒聲呌忙　嘹嘹嚦嚦到衡陽
兄弟二人你身小　生體原來是一娘

坤之巽　休

坤之巽　生

乾

寒梅開放滿枝香　雉入大水始虹藏
十月下旬二十九　身出陽世定胎祥

坎

大運交至亥水間　官星旺兮祿馬強
危言危行多經濟　聲名洋溢達王邦

艮

今世姻緣前世徵　人生那得強求成
若問女命配何相　屬羊夫主未宮中

震

先配佳人命不牢　屬猪一定赴陰曹
后娶又是何庚相　白頭伴老壽源高

巽

月老錯配好姻緣　屬鼠佳人命不堅
后娶一位屬羊命　福祿攸同到百年

離

花開棠棣萼層層　兄弟六人一母生
上有二兄下三弟　你在中間振家風

坤

韓傀遇聶政之象

兌

乾坤位上定得清　父是屬羊母屬龍
命宮榮泰吉星照　二人一定享遐齡

坤之巽　生

坤之巽　傷

乾　四十五六悔

坎　丁卯運中定美惡　吉凶原在卦中求
下五年岩頭走馬　上五年平地驅牛

艮　大運丁亥遇禎祥　爵祿陞遷名姓揚
牧民勤政展經濟　屢被勅封門戶光

震　母氏屬猪身受冲　已入黃泉不轉程
老父屬兔樂晚景　堂前忽起鼓盆聲

巽　離　坤　兑

鴛鴦睡穩忽飛驚　蛇相佳人入土中
后娶屬猪成佳耦　白頭相伴永不刑
卦爻之內仔細詳　八字洩盡天地藏
母居戌位是屬狗　父值未地定屬羊
梨花朵朵粉粧成　姐妹不是一娘生
上有二姐下三妹　你居中位勝芙蓉
長江雁過秋將暮　斗柄輪迴建戌宮
生辰巳定八月內　二十九日降凡塵

坤之巽　傷

坤之巽　杜

夜問得了虺蛇夢　人人皆見[illegible]喜生

乾

若問女命何時降　父親四十六歲中

坎

巳日未時貴非常　不作凡夫俗士看

縉紳垂紳登顯位　千鍾食祿拜君王

艮

丁卯運中吉凶異　卦爻之內細推源

上五年高山穿井　下五年濕地鑿泉

震

四柱排定論吉凶　看來不錯半毫分

若問進親是何相　父是屬羊母屬龍

巽

天地人元分五行　說與時人仔細聽

屬蛇母氏已入土　父親屬兔壽如松

離

荷花燦爛滿池中　柳樹陰濃蟬翼鳴

六月下旬二十九　脫離靈胎見母親

坤

君家知命不須疑　世上功名各有時

三十六歲恩星照　得意洋洋入泮池

兌

四十五六動凶

坤之巽　杜

坤之巽　景

乾　運交丁亥却平平　十年之内無吉凶
花開不遭冷雨打　然失却有送薪人

坎　食物般般造得精　自己不喫賣與人
此種生意到處有　誰像君家大出名

艮　甲日未時貴無窮　聲名直達帝王京
命宮榮太吉星照　世食天祿享鴻恩

震　壯丹花發勝芙蓉　樹上時禽弄巧聲
四月正當二十九　沐浴胎泥見母親

巽　雪花飄落滿乾坤　松竹寒梅獨見青
生辰主閏十一月　初十靈胎落地中

離　四十五六吝

坤　丁卯運中仔細求　象難文塞在心頭
孤雁最怕雲間舞　扁舟惟恨浪中遊

兌　幾度光陰幾度年　七十二歲浪滔天
秋風已到飄黃葉　撒下兒孫入九泉

坤之巽　景

坤之巽　死

乾

丁卯運中數不奇　隄防財散與人離
涸沼乾池魚難育　偷錢畫餅怠充飢

坎

子息遲早應有時　勸君不必起猶疑
佳人年交四十二　方能結菓立根基

艮

誰識此造祿馬全　功名路上有奇緣
食祿微少責任重　千里之外坐捕簾

震　四十五六貞吉

巽

春日桃花色正妍　子規樹上鬧聲喧
生辰已定二月內　二十九日降中天

離

流年三十至三一　隄防暗地起煩愁
江海遊魚失了水　傷財散氣惱心頭

坤

雙親隱暗不分明　卦裡爻間細細尋
嚴父本是天三木　慈母配就羊年生

兌

運行作交丁亥間　正似明月隱雲端
待得風吹天爽朗　江山四照映千潭

坤之巽　死

坤之巽　驚

卦爻推算理最玄　兩地鴛鴦一地眠
佳人乙未屬羊相　沙中金命配姻緣

乾

爻命原來是屬羊　又今自己土中藏
慈母屬狗悠悠寿　撫養蘭桂振家光

坎

人生那有百年春　卦爻之內細推尋
爻命定就無錯謬　母在兔年降生身

艮

三十一二流年通　遊魚得水長鋒鱗

震

時來頑石變成玉　運至朽鐵化為金

巽

㕣鑄金鐘聲久清　鴻飛雲路折毛翎
手足宮中人三位　內中却有帶破身

離

運交丁亥白頭時　西去東來心費機
甘苦遍嘗人世味　堆金積玉晚年餘

坤

今世不能享祖業　朝謀夕算有煩愁
全仗一身求利活　淡薄之下度春秋

兌

大運丁卯最興隆　喜事千般到你門
上五年栽花結菓　下五年種竹成林

坤之巽　驚

坤之巽　開

乾

可怕時乘命不通　撥開雲兮又霧朦

纔出泥途脫子臉　翻身跌入逼麻坑

坎

進入大水季秋臨　菊花開放滿籬紅

生辰已定閏九月　二十九日下天宮

艮

進親主定父屬羊　已入黃泉不返鄉

老母居辰屬龍命　在堂獨自守孫房

震

大運丁亥事非場　官詞必定到門闌

一身跳入虎狼寨　進手撥開荊棘關

巽
先人之祀不可斬　一線絕續係君身
洞房雙配鴛鴦侶　為求嗣息兩當門

離
丁卯運中非等閒　添財進喜大吉昌
月朗天晴華四照　珠圓玉潤世無雙

坤
雙親位上細推詳　坤卦由分陰與陽
母命自然無差錯　父是兔相卯中藏

兌
狂風吹落並頭花　今世姻緣却有差
佳人主定勉一个　繼配羊相可興家

坤之巽　開

井

后天坎之巽

坎之巽 休一

乾四十二悔

坎 大運交到丁丑中
丁字五年燦在堂
卦爻否泰兩不同
丑字五年土埋金

艮 運交丁酉大異常
壽增獻策同寅羨
河陽政績萬里傳
勅賜奇珍千百箱

震 人生那有百年存
看看堂上白頭父
母氏屬猪去歸陰
人生難報罔極恩

巽 因緣卦上佃推尋
屬蛇之婦難偕老
離 光陰有限人易老
后天斷定選親相
坤 后天推數理最明
姐妹五人不一般
兌 金風琴瑟仲秋時
生辰八月十九日
坎之巽 休
二

妻命不牢主尅刑
再娶屬鷄保壽終
百年未盡歲月賒
母命屬狗父屬蛇
手足宮中有幾層
你作排行第二名
鴻雁分飛西落宜
堂前丹桂又生枝

坎之巽　生二

乾　夢兆虺蛇復卦爻
父年丑交四丁四

坎　已日巳時格局昌
壬辰天崇身貴顯

艮　此造交至丁丑運
上五年間雲擁月

震　退觀之命定果真
丑戌大龍非酉合

生男必死女方成
一朵鮮花降庭中
今生必定姓名揚
金章紫綬拜君王
喜逢福祿卦中詳
下五年內顯三光
父命原來屬小龍
清山綠水照乾坤

巽 毋以已作泉下鬼 他命原是屬小龍
有寿父親鼓盆嘆 生 冲未壯作牛歲中

震 暑熱炎炎夏景天 火輪懸掛在簷前
數伏之時人尽避 六月十九降生年

坤 甘羅十二登君帝 太公八十遇合遲
三十五歲身逃津 果然脫白換藍衣

兌 四十二動凶

坎之巽 生 三

坎之蔡 傷三

乾 運交丁酉水出山 悠々蕩々建長江
因高就下無激浪 舟行不快卻平安

坎 財物本在命中藏 祖業無依身受忙
早起遲眠無暇日 今生定入食店行

艮 甲日生逢己巳時 此命主貴大人知
金堦玉闕承恩寵 世食天祿定無疑

震 雙々胡蝶去穿花 玩賞高樓富貴家
借問生辰何日時是 四月十九降無差

巽六 嶺上寒梅撲鼻香 雪花飄落滿庭堂
誕降元辰閏十月 三十冬日見親娘

離 四十一二交

坤 運行丁丑事未全 兩次三番成敗言
屢年恰是雪裏霄 淹留阻滯困心田

兌 人生難得百年春 七十年間天祿終
秋后衰草遇霜雪 黃粱一夢不同程

坎六 巽 傷父

坎之巽　杜文

乾

丁丑戌未祿不全　人行敗運寔堪憐
不是疾病便口舌　暗地不覺損財源

坎

熊羆入夢最吉祥　積善之家后嗣昌
妻年正交四十整　洞房吉產一見郎

艮

命宮坐祿最高強　不作凡夫俗士看
食祿雖微名甚重　官居巡檢鎮他方

震

四十二貞吉

巽　日躔降婁倉庚鳴　紫燕啣泥畫堂中
若問君身何日降　二月十九見母親

離　流年二十六上逢　緣木求魚總是空
寶玉埋在頑石內　哭泣不大受憂驚

坤　父母宮中推算清　屬蛇是你老母親
椿庭寂寞文中悔　天一天生水命人

兌　運交丁酉動中詳　初夏良苗出土間
若逢雨露來培養　定獲千倉與萬箱

坎之巽

杜幺

坎之巽　景文

死央對七歲池中　前世姻緣今世逢
妻宮命是覆燈火　屬蛇乙巳年上生

乾

父親定是蛇年生　已入泉台不回程
留下屬狗生身母　在堂独自伴孤燈

坎

凄親位工細推求　人生百歲已難留
試問慈母何庚相　卦爻推定是屬牛

艮

二十七八流年邊　栽花揷柳已成林

震

官幹私爲皆吉利　中秋明月照當空

巽 后天已定兄弟宮　正似鴻雁在江濱
次序推就人兩个　內中却有帶破身
離 運行交到丁酉中　嘉禾已至八月成
倉箱盈滿多麻栗　家人婦子樂昇平
坤 此命生來祖業空　衣食全要自己營
士農工賈全不做　遷徙身子度光陰
兌 數定行運到丁丑　在而堂前玩花柳
此命十年多旺與　富貴榮華自然有
坎之巽　　　　景上

坎之巽　　死上

乾　這幾年來這幾年　　一場苦楚對誰言
流年落在蒜血裡　　倒運到了這幾年
金風落吹動雁南旋　　菊花開放秋將殘

坎　閏九月生十九日　　庭前丹桂降胎元

艮　卦爻查對父母宮　　有壽母親屬大龍
父屬小龍沖亥位　　去到閻王路上尋

震　丁酉運中事不調　　平地風波起禍苗
官詞口舌時長有　　多方忍耐災禍消

巽

女命八字配紅沙　姻緣折散豈由他
相配夫君未會面　可憐一命喪其宮

離

丁丑運交主發興　財源滾滾到門庭
伸手摘來天上桂　挽弓射中正紅心

坤

卦爻推定遲親相　父母之命坤卦求
並命註定無錯誤　父命原來是屬牛

兌

妃央鸞散不同群　佳人主定有一刑
重婚再配屬蛇相　方許永遠結同盟

坎之巽　死亡

坎之巽　驚上

乾　鴻雁南飛過長江　兄弟二人同一娘
手足宮中分次序　有弟無兄作最當

坎　平川走馬

艮　日躔元枵雁北鄉　征鳥厲疾冬殘
若問生辰何日是　臘月十九降塵凡

震　嗣息無有前生定　或多或少動中知
長男若立屬牛相　刑單影隻孰無後

巽 女運已已太吉昌　揚眉吐氣喜洋洋
閨门之內多興旺　添人進口有財源

離 此命犯冲不如佳　卦文註就毫不差
佳人屬馬難偕老　再娶屬蛇自起家

坤 母氏命卯屬狗相　父命合申是屬蛇
二人生定齊有寿　百年未老歲月躲

兌 兌卦定就命中妻　須防半路主悲啼
佳人已定剋四个　五房必要娶屬鳴

坎之巽　篤三

坎之巽　閏十三

乾　后天數上仔細尋　論命先查父母宮

二人雙雙齊眉壽　父屬小龍母大龍

坎　月老配定好姻緣　楊柳枝頭花葉鮮

夫主已注屬蛇相　共枕同衾到百年

艮　項羽到烏江之象

騰騰祥瑞隱雲端　紫霧紛紛玄又玄

震　室人屬鼠不到老　再娶屬猪繼家緣

巽 大運交來五酉金　琢磨良玉價不輕
康明惠愛民之願　堪同方召比奇功

離 后天八字定的清　妻宮屬猪定剋刑
再娶屬鷄為夫婦　方許永遠結同盟

坤 雖入大水化為蜃　雷裏梅花必見清
借問生辰何日是　十月十九到凡塵

兌 你命之上有三兄　下有一弟自成林
手足排定人五个　生身原是一母親

坎之巽 閙 文

大過

後天兌之巽

兑之巽　休

乾　坎　艮　震

姻緣簿上註得清
兩地鴛鴦一枕盟
佳人乙丑屬牛相
他命原是海中金
坎卦之內細推尋
全憑八字定婎親
父命屬牛泉下客
母命屬狗壽如松
老樹開花色更紅
全憑培養見神功
八九年交七十二
方立兒郎有后人
十九二十喜事逢
紅鸞照命百事通
作所為皆趁意
財祿盈門笑欣欣

巽
君天斷定兄弟宮　雁行排定有七人
富貴窮通不相等　內中出一貴星身

離
丁巳運中且斂手　三層已就樂餘生
閱遍山河無險路　辛勤歷盡有奇功

坤
八字枯寂祖業空　難言積玉與堆金
受盡辛苦使盡力　憑得手藝過光陰

兌
運交乙酉大亨通　好花開放滿園紅
求利求名不費手　所作所為皆遂心

兌之巽　休

兑之巽 生

乾 坎 艮 震

四大公子皆養客 出奇制勝取孟嘗
五湖四海皆朋友 你命與他都相當
庭前莫有桂花香 轉眼却又到重陽
生辰已定閏八月 二十九日降人間
八字排定論五行 后天卦內問雙親
父命屬牛歸泉下 孫霜老母是屬龍
運交丁巳主受驚 官詞口舌緊臨身
若不修省極力守 丢財惹氣百事凶

巽

算君不是壞事人　憑得手藝養其身
人家有些破爛物　你就與他修合成

離

運交乙酉瑞氣生　作事求謀定遂心
榮華富貴從天降　財源滾滾到門庭

坤

老蚌生珠不怕晚　蟠桃結菓自來遲
若問君身何日降　父交七十二歲時

兑

鴛鴦驚散泣河洲　已定前生不自由
定主佳人尅一个　重婚再配屬為牛

兑之巽　生

兌之巽　傷

昆玉中分有兩淒　伯仲叔季是一娘

乾　上一兄來下二弟　你命居坎不尋常

坎　鴻漸于盤之象

仲冬交節雪花飛　梅蕋舒紅幾樹肥

艮　十一月當二十九　淒親生你在羅幃

嗣息本是前生定　人生那得强求成

震　長男若立屬雞相　天賜孤兒只一丁

巽

女運已丑百事样　閨門之內喜洋洋
開放好花逢細雨　一輪明月出雲端

離

鴛鴦相會在池中　漁父來驚西復東
佳人屬馬先尅去　再娶牛相共同盟

坤

青山不老水長流　母命屬狗父屬牛
卦中禄馬欣逢喜　寿如彭祖八百秋

兌

鴛鴦折散幾多番　四位佳人骨已寒
五房再配屬蛇相　百年相守寿方長

兌之巽　傷

兌之巽　杜

乾
松柏同榮萬歲青　父命屬牛母屬龍
二人康強高堂上　福祿悠悠歲月深

坎
鴛鴦鳥水上樂群遊　西去東來不自由
請問女命配何相　郎君一定是屬牛

艮
郡匪共謀

震
狂風吹落並頭蓮　屬鼠佳人赴九泉
后娶屬牛夫婦樂　相欽相守到終年

巽

大運已亡遇吉星　君恩荷戴奏奇功
增加爵職如心願　百姓謳歌道路中

離

比目魚遭猛浪分　佳人豬相定然刑
重婚再娶屬蛇相　方保百歲共同盟

坤

鴻雁南飛陣陣鳴　菊花開放滿園紅
生辰九月二十九　脫離靈胎見母親

兌

百仲叔季排成行　兄弟八人同一娘
數中前定你居六　胸襟各吐耀門墻

兌之巽　杜

兌之巽　景

乾　坎　艮　震

海棠花發滿庭香　秋至蟬聲喚晚涼
生辰已定七月内　二十九日到人間
大運丁巳喜無強　興旺門庭官祿昌
可羨民之真父母　甘棠遺愛澤流長
桃杏梅花朵朵香　三花姐妹不同娘
次序之中你作首　宜家各自顯風光
此命註定尅妻宮　佳人屬蛇入土中
重婚又配屬蛇相　方能偕老結同盟

巽

乙酉運中逢否泰　仔細看來有后先
上五年樓頭望月　下五年井底觀天

離

父母宮中母又晦　若是屬狗、定土埋
嚴君雖相在塵世　壽比南山百福來

坤

三十三四悔

兌

兌卦之中細推求　雙親位上問因由
后天斷定無錯謬　母命屬狗父屬牛

兌之巽　景

兑之巽　死

乾　三十三四　動凶

乙酉運中知美惡　凶吉排來卦爻間

坎　上五年紙船入海　下五年鐵騎登山

自古文章可立身　功名遲早是前因

艮　流年五六三十整　泮池之內去採芹

逮親位上母屬龍　被你沖剋命归陰

震　嚴父沖酉屬雞相　壽比南山不老松

巽

巳日丑時福無窮　今生必是人上人
腰金衣紫身榮顯　食祿千鍾名姓洪

離

卦爻斷定理數真　后天查對無改更
試問人間親庚相　女命屬牛母屬龍

坤

虺蛇入夢小喜生　庚相拱照入紅塵
若問女命何時降　父年正當四十春

兑

百花開放滿園紅　樹上倉庚弄巧聲
生辰巳定五月内　二十九日降堂中

兑之巽　死

兑之巽　驚

乾

人生自古皆有死　何日辭世去归天
大限六十零二歲　陽間無祿到九泉

坎

甲日丑時祿馬强　明珠一顆滿門光
不比世間凡俗子　承恩殿上拜君王

艮

乙酉運中數不高　孤船入海浪滔滔
災殃禍患重七至　惹氣丢財家業消

震

日躔析木水始冰　虹藏不見是孟冬
生你正當閏十月　上旬初十見雙親

巽 離 坤 兌

南方之貨從南至　北方之貨北方來
店中廣積無其數　當中自有你安排
日曬大梁萍始生　桃花流水最宜人
生辰三月二十九　堂上雙親添笑容
大運丁巳定吉凶　十年之内主和平
淡雲遮月月光顯　馬走泥途馬不驚

三十三四　吝

兌之巽　驚

兌之巽　開

乾　坎　艮　震

運交丁巳日初昇　最怕東方雲霧蒙
漸到中天無物翳　九州四海被鴻恩
人生此刻帶官星　職小權微有大名
報國赤心經歷位　君王見愛喜遷陞
青山不老水東流　母命原來是屬牛
天一生數父命水　方與八字兩相投
三陽開泰是孟春　斗柄輪迴建寅宮
生辰正月二十九　沐浴胎泥見母親

巽 人生有子萬事興　早晚原來是前因
妻年交至六个六　洞房兒育長成人

離 三十三四貞吉

坤 乙酉運中時限乖　月到中秋雲不開
喜中暗裡生煩惱　惹氣丟財急趣懷

兌 十八九歲數不通　一身墮入荊棘中
丟財惹氣時常有　又恐疾病暗臨身

兌之巽　開

隨

後天兌之震

乾 坎 艮 震

兌之震　休

運交乙丑百事興　浮雲散盡月光明
添財進喜多逢吉　官幹私為悉稱心
人言有子須宜早　我道好子不怕遲
流年交至六十四　麟兒天送作根基
后天卦上斷來清　慈母生于雞歲中
天五生數父命土　定是此刻莫他尋
人生兄弟是前因　統計賢愚卦內尋
命中主定有兩个　却有一个是貴人

巽

雙親位上一爻山　父命屬蛇見閻君
孀毋屬雞天增寿　堂前獨立振家風

離

四九五十流年通　財源滾滾到門庭
作事求謀皆遂意　東西南北任君行

坤

財庫源來坤一方　别地求謀難上難
有朝去到西南路　珠玉金銀發滿堂

兌

大運交至乙酉中　人將大務已隨心
勸君莫管餘閑事　推枕披衣聽曉鐘

兌之震　休

乾坎艮震

兑之震　生

此刻生人也得名
運交巳字紅鸞照
你命之內犯了刑
老母屬兔安然在
花開結菓莫嫌遲
此歲主定紅鸞照
此刻生人八字輕
小小生涯身自做

詩書之內不知津
納粟捐貲耀比鄰
尅去父親屬蛇人
獨守孤孀淚染巾
父交六十四歲時
你命挺然降世宜
難承祖業若經營
大街小巷去搖鈴

巽 離 坤 兌

日躔大火雁来賓　黃菊開時放滿庭
若問君身何日降　閏九月當十一生
運交乙酉動官星　口舌災殃事事臨
若非修省極為守　惹禍丟財禍不輕
月老主定姻緣薄　赤繩繫足為夫婦
佳人癸酉屬雞相　劍鋒金命卦中著
運交乙丑百事通　求謀遂意福頻生
萬朵鮮花開雨後　一輪明月照當空

兌之震　生

乾坎艮震

兌之震　傷

鴛鴦戲水忽飛驚　三位佳人入冥中
四房再配屬雞相　方保永遠結同盟
日躔元枵雁南鄉　大雪飄飄亂飛揚
生辰已定十二月　一十八日到人間
日出東方又轉西　父命蛇相母為雞
卦中方定乾坤泰　寿比南山永不移
運交丁巳女命良　歲月和合精神强
閨門並無不祥事　花開著雨分外光

巽 貲財到手

離

坤

兑

嗣息多少是前因　此命原來犯孤星
前世陰德積一子　不是牛年定不成
一對鴻雁舞空中　手足二人一母生
數中前定你居長　強弱窮通相兩分
可惜嚴君下世早　家無積粟最傷情
萬般出自無其奈　隨娘認父適他門

兑之震　傷

兌之震　杜

乾

雁過長江有遠聲　兄弟五人一母生
數中前定你居四　富貴窮通各不同

坎

暗箭飛來

艮

瑞雪飄飄冬景天　梅花開放幾枝鮮
若問君身何日降　十月十八定胎元

震

大運交酉官星强　祿馬逢著貴人鄉
殿陛之上沐恩寵　加增爵職姓名揚

巽

一枕鴛央兩相差　日將西去影俱斜
若問女命配何相　夫主原來是屬蛇

離

人生有子百事興　三个兒郎立你門
長男推就屬蛇相　鼎足相持各有名

坤

后天妙理永無差　毋命屬兔父屬蛇
二人主定皆有寿　相欽相敬意相佳

兑

正鼓瑤琴斷一絃　佳人屬狗上西天
重婚再配屬鷄相　美滿恩情到百年

兑之震　杜

兑之震　景

乾
后天斷定不可移　進親之命卦爻知
嚴君本是屬蛇相　配定老母必屬雞

坎
海棠芍藥滿園紅　手足原非一母生
上一姐來下三妹　女命宮中有五人

艮
十七八歲悔

震
乙丑運中子細詳　凶吉原來有兩端
上五年紅蓮著露　下五年敗柳沾霜

巽

大運乙酉正興隆　祿馬三奇拱貴星
十年正泛沐君寵　品爵悠悠指日陞

離

彈打飛鳥不同林　剋去佳人是屬龍
重婚再配屬雞相　百年相守永不刑

坤

仲秋天氣桂花香　看得南旋鴻雁翔
八月正當十八日　沐浴胎泥見親娘

兌

雙親主定有一凶　母氏屬狗入土中
老父屬牛天增寿　高堂聽得鼓盆聲

兌之震　景

兑之震　死

乾

荷花開放滿池紅　綠槐高樹聽蟬鳴
六月正當十八日　挺然你命降凡塵

坎

功名屬早皆有定　人生難得强求成
流年交至二十二　採芹一定入黌門

艮

陰陽顛倒甚興隆　開放虛花不得成
父年交至三十二　房中吉產女佳人

震

此刻生人手藝精　夜間做活不須燈
顯借三分爐內火　打得黑了又燒紅

巽

乙酉運中論吉凶　卦爻排列最分明
上五年開弓遇石　下五年放箭穿雲

離

乾坤位上一爻凶　尅去母親是屬龍
父親獨享遐齡寿　算定生在牛年中

坤

十七八歲動凶

兑

后天位上論雙親　豫定人間吉與凶
慈母冲酉屬兔相　嚴君冲亥屬蛇人

兑之震　死

兌之震　　驚

乾　十七八歲吝

坎　艮　震

乙丑運中時限衰　災殃禍患一齊來
讓君縱有回天手　日午雲遮撥不開
運行乙丑最和平　春園落雨百花新
雖有小恙不為碍　枯竹寒梅枝葉青
癸日辛酉時最佳　腰金衣紫戴宮花
姓名獨唱丹墀上　閭里傳揚實可誇

巽

精工辦事美名揚　自己喫虧有幾般
遇上忘恩負義輩　勞心費力又心傷

離

地氣降兮天氣升　斗柄輪迴建亥宮
生辰主定閏十月　二十九日見雙親

坤

輪迴刼煞到流年　五十八歲難保全
人生到此花已謝　魂魄無踪上九天

兌

首夏清和景色新　牡丹枝上子規喧
生你正當四月內　一十八日降紅塵

兌之震　驚

兌之震　開

乾
四十八九數不通　日出東方雲霧蒙
駁雜崎嶇多阻滯　江心船到起狂風
風擺花枝都謝了　只留一菓在枝頭

坎
全憑陰隲生慈念　白髮生兒氣相悠
乙丑運中欠和平　風吹葉落樹梢空

艮
失財散物人多病　進退徬徨主大驚

震
子息遲早皆由命　人生難得強求成
佳人年交二十八　產育兒郎喜氣生

巽

戊日酉時顯貴星　鶴立雞群超萬民
身穿朱紫人推重　獨對丹墀沐聖恩

離

楊柳枝頭獨見青　杜宇聲聲樹上鳴
若問君命何時降　二月十八到堂中

坤

運行乍交乙酉間　良玉抱璞尚在山
十年之內蘊真氣　價比連城世無雙

兌

十七八歲貞吉

兌之震　開

巽

後天巽之巽

巽之巽　休

乾　坎　艮　震

夜問得了虺蛇夢　房中吉產女嬌娘
借問貴體何日降　父親正當四十三
已字日干時在辰　天乙貴人照命宮
破壁高飛千里外　金階玉殿許君行
丙字運裡斷吉凶　艮卦之內先受侵
上五年間不順利　下五年間自亨通
椿萱位上同一宮　兩命原來俱屬龍
祿馬悠悠天賜寿　白髮蒼顏四皓翁

巽
雙親位上定吉凶　母命屬蛇祿不增
鼠父獨在高堂上　天假之年享遐齡

離
薰風吹動荷花香　蟋蟀居壁嘆秋涼
當在六月十四日　脫離胞胎見親娘

坤
莫怪文奇運不奇　時來自然破壁飛
流年交至卅三歲　脫去白衣換藍衣

兌
三十九四十動凶

巽之巽　休

巽之巽 生

運行交來至丙申 風息浪靜水流平
船開漸達千里路 不至阻陽把舟亭

乾

祖業無多不必愁 遲眠早起苦營求

坎

工賈士農全不做 食店行內度春秋

艮

甲日生逢戊辰時 洪名不須金榜題
定是太真富貴客 食祿千鍾對丹墀

震

日躔實沈螻蟈鳴 斗柄輪轉建巳宮
生你正當四月內 一十四日見准父親

巽

雉入大水化為蜃　看來冬嶺秀孤松
生你正當閏十月　二十五日下天宮

離

三十九四十吝

坤

運交丙子不為佳　災殃禍患亂如麻
短箭軟弓難中鵠　身陷泥塗荊棘加

兌

南極註定壽元高　祿馬絕食數難逃
大限交至六十九　陽世辭離赴陰曹

巽之巽　生

巽之巽　傷

運交丙子久亨通　月被雲遮光少明

收拾下帆風又起　災殃屢至禍頻生

乾　陰陽變化本無窮　結子開花應候成

坎　妻歲交來三十九　嬰兒啼笑畫堂中

命宮帶定祿馬強　仕宦途內大名彰

艮　職小位卑聲譽遠　官居巡撿鎮他方

震　三十九四十貞吉

巽

聽得倉庚在樹鳴　楊柳梢上發黃金
二月中旬十四日　你命一定下凡塵

離

二十四五流年凶　定有災禍緊纏身
龐涓誤入馬陵道　韓信哄入未央宮

坤

坤卦之內定雙親　父是天一水命人
若問母命何庚相　爻象註就是屬龍

兌

運行交來至丙申　正似出水嫩芙蓉
雨露培養如有旨　紅白繁爛滿池中

巽之巽　傷

巽之巽　杜

乾

姻緣簿上註得清
妻命配定覆燈火

坎

二親庚相不同宮
父是屬龍泉下客

艮

雙親位上細推詳
若問母是何庚相

震

二十五六流年通
箭穿七札人人愛

乾卦之內查對明
甲辰年生是屬龍
兩命原來主對沖
母是屬狗伴孤燈
人生難得兩週全
必在鼠年降塵間
潘黨開弓挽六鈞
更比由基力絕倫

巽 離 坤 兌

后天定位推命宮　兄弟主定有二人
内有帶破方存世　若是殘疾是孤身
運行交來至丙申　秋風已過百寶成
從今萬事已齊備　魚鱉烹羊樂太平
此刻生人數中求　若中尋利不自由
穿吃兩般每日缺　家貲淡薄度春秋
運行丙子喜重重　家門康泰遇貴皇
營謀財利般般好　歲月和合萬事亨

巽之巽　杜

巽之巽　景

這个小人太無端　做了一番又一番
只為前日那件事　而今暗地使竹杆

乾
南樓雁過聲和鳴　斗柄輪迴建戌宮

坎
生辰已定閏九月　中旬十四下凡塵

艮
母父宮中同一相　兩命原來俱屬龍
嚴君已上西天路　慈母在世享遐齡

震
大運交來至丙申　註定官詞緊纏身
涸轍魚兔未得水　十年之內要小心

巽

人生尅妻是前緣　鴛鴦兩地各相安
未會洞房花燭夜　岳丈家中喪黃泉

離

丙子運中魚得水　吹沙鼓浪顯精神
蔡澤取了范雎印　函谷關內振威名

坤

坤卦位上定準親　母親註定無改更
試問父親居何位　必在鼠年降其身

兌

姻緣簿上查對清　一枕鴛鴦兩地分
室人必然尅一个　再娶推明是屬龍

巽之巽

景

巽之巽　　死

乾　欲呼伯兮伯不應　欲呼仲兮仲無聲
要尋叔季寡寡寡　形單影隻立門庭

坎　月到中秋

艮　寒梅依稀帶雪馨　日躔元枵是仲冬
生你正當臘月內　十四靈胎落地中

震　熊羆入夢定流芳　庚相拱照降人間
長男若立屬虎相　天賜孤兒一个郎

巽

女運交來至戊辰　天上無雲月正明
紅顏喜對菱花照　財原滾滾到門庭

離

一對鴛鴦立水濱　漁人驚散各西東
洞房魁了屬馬婦　再娶一定是屬龍

坤

交命冲戌是屬龍　母氏冲長狗歲生
二人共立高堂上　白頭相伴寿如松

兌

連娶佳人步步傷　洞房五次作新郎
若問到頭鴛鴦對　不是屬猴命不長

巽之巽　死

巽之巽　驚

乾

乾坤二爻居旺地　恩星拱照父母宮
寿比南山悠悠遠　兩命原來俱屬龍

坎

四德已備論三從　丈夫恩同天地深
若問女命配何相　后天斷定是屬龍

艮

始皇遇荆軻之象

震

狂風吹落並頭蓮　屬鼠佳人命不堅
重婚再娶屬龍婦　管你偕老到百年

巽

大運交至地支辰　為民父母有遠聲
尊親是載謳歌起　樹愛甘棠聽好音

離

可恨斧闌連枝樹　佳人屬猪不到頭
若問偕老百年對　卦爻斷定是屬猴

坤

虹藏不見水始冰　天地閉塞是孟冬
生辰十月十四日　門上懸弧父母欣

兌

秦穆開山用五丁　君家昆玉數相同
次序排定你居二　生身卻是一母親

巽之巽　驚

巽之巽 開

乾
桂花開放滿庭香 天然喜事到人間
八月十四靈胎滿 沐浴嬰兒見親娘

坎
大運交來至丙申 清明善政四方聞
言行有道經綸展 河陽復見潘安仁

艮
蛱蝶對對繞花叢 姐妹宮中有四人
次序惟有你身小 生來不是一母親

震
鴛鴦相會不到頭 屬蛇佳人陰府遊
再配猴相為夫婦 相欽相敬百年秋

巽

交到丙子論吉凶　十年前后不相同

丙字內軫到城濮　子字中楚去鄢陵

離

父母宮中母屬猪　形容一去杳然無

亂父堂前添延寿　聽得嵩山萬歲呼

坤

三十九四十悔

兌

后天查對父母宮　庚相原來兩相冲

嚴君定生龍年上　慈母降在狗歲中

巽之巽　開

小畜

後天巽之乾

巽之乾　休

陰爻休囚毋命凶　相是屬虎命归空
乾卦之中尋配耦　有寿老父是屬龍

乾　坎　艮　震

二十三四靜凶

郊外不聽反舌聲　榴花開綻滿眼明
生辰已定五月内　上旬初二降真嬰
一對鮮花並頭開　天仙送下女裙釵
生身一父不一母　你是第二隨後來

巽 五十五六无大咎

離
大運交轉至壬長 禄強馬壯卓異名
到得此地開金穴 不負當年誦讀心

坤
坤卦之內推母相 土氣重重必屬牛
若問父是何年命 反宮對射定為猴

兌
大運交來至庚神 上下十載不相同
庚字裡升天有路 甲字內入地無門

巽之乾 休

巽之乾　生

乾

大雪紛紛繞階前　水泉動兮梅花鮮

生你正閏十一月　中旬十二定胎元

坎

五十五六小有悔

艮

二十三四先喜後否

震

祇羨甘羅得意早　應笑太公發達遲

行年纔交一十七　脫去白袍換藍衣

巽

非熊非羆莫弄璋　虺蛇入夢是小祥
母年止交三十九　房中吉產女嬌娘

離

運交正值庚申地　離卦之內失鍊金
上五年師行遇雨　下五年斬退荆蓬

坤

倉庚在樹聲聲鳴　斗柄輪迴建辰宮
三月上旬初二日　靈胎落地見雙親

兑

壬日庚子時上清　不作凡夫俗士論
今生定享朱紫貴　食祿千鐘姓字洪

巽之乾　生

巽之乾　　傷

乾

淑氣潛通三陽泰　雪裏梅花獨見清

正月上旬初二日　雙親堂上降吾形

坎

松栢經霜常不老　丰姿綽約瘦骨成

直到一百零一歲　西天路上不回程

艮

五十五六无咎

震

大運交轉至庚申　雲遮霧罩不顯明

長吁短嘆心頭悶　枝間花落只留莖

巽
大運交來至壬辰　木制土兮水流通
雖然不迎祥瑞氣　何至遁入荊棘中

離
丁日庚子貴無窮　必到金階玉殿行
不惜文章能華國　致君澤民奏奇勳

坤　二十三四元吉

兌
桃李花開香已久　結菓堅牢真實有
若問子立在何年　佳人交至四十九

巽之乾　傷

乾 坎 艮 震

巽之乾　杜

芝草無根遍地生　麟鳳呈祥積善門
此命今世三个子　內有一位是貴人
運行交來至壬辰　正似良苗出土中
幸得甘霖三日養　大珠小珠玉盤盈
四十二三數不通　正似暗室少明燈
箭短弓柔防挫折　怎能射去中紅心
卦內推查淒親相　一爻悔來一爻明
母氏冲午鼠年降　父命原是地面金

巽

庚申運交不可言　多火崎嶇在裡邊

駕舟又海風浪起　下井何日見青天

離

風擺楊柳枝不牢　花開花落菓暗拋

四十三歲恩光照　洞房生子步步高

坤

五十五六永貞吉

萱堂之命是屬羊　壽元高邁享年長

兑

老父冲寅屬猴相　已入荒郊不在堂

巽之乾　杜

乾　坎　艮　震

巽之乾　　景

一道線兒墨黑黑　兩人用盡渾身力
借問此命做何事　隨身手藝金尅木
大運交來至庚申　人逢喜事倍精神
三秋皓月無雲蔽　財利盈門百福臻
運行交來到壬辰　禾稼牧穫場圃中
從茲安享無邊利　悠悠自在慶昇平
震卦之中仔細詳　熊羆夢兆主弄璋
若問你身何歲立　父年正當四十三

巽

兩地鴛鴦配對成　赤繩係足是前因

佳人匹配壁上土　庚子生在鼠年中

離

父母宮中父屬猴　巳入荒郊一土卯

留下老母屬牛相　孤苦孀居淚長流

坤

四十二三流年美　月到中秋萬景清

善賈定獲三倍利　挽弓一箭貫雙鴻

兌

日纏寿星玄鳥归　父母生你在羅幃

斗柄輪轉閏八月　上旬初二巳息雷

巽之乾　景

乾 坎 艮 震

巽之乾　死

培風振化誘一方　天德王道論說詳

不理錢穀兵刑事　教諭官坐明倫堂

拆散鴛鴦不同群　連尅二婦起悲情

三房配了屬鼠命　方是白頭偕老人

庚申運交論吉凶　輕刀快馬志氣雄

斬將攀旗成功敏　封勅應居第一人

論命先查父母宮　二人今生壽百春

萱堂冲丑屬羊相　椿庭降在猴年中

巽

伯兮伯兮呼仲弟　仲兮仲兮喚伯兄
伯仲二人身居小　本是同胞一母生

離

五行命理識者稀　詳求須要問包羲
十一月內初二日　生你呱呱畫堂啼

坤

大運交臨至壬辰　一身隨入雲霧中
官事口舌時常有　船漏釜破喫一驚

兌

乘船遇順風

巽之乾　死

巽之乾　驚

喫了一罇又一罇　終朝每日醉酗酗

乾

不是劉伶共李白　為何貪愛甕頭清

坎

昆玉宮中知幾位　後天斷定有六名

次序排定身居四　算來却是一母生

姻緣錯配苦淒淒　尅了佳人命屬鷄

艮

再娶妻宮屬鼠相　百年偕老永不離

黃菊開放幾枝香　對對鴻雁叫聲忙

震

生辰九月初二日　離胎落地見親娘

巽　後天卦是西伯留　查對命理字字投
二人堂上齊有寿　父是屬猴母屬牛

離　大爭勝負
若問子息有多少　後天斷定整一進

坤　兩株丹桂堂前立　長子生身在猴鄉

兌　對酒當歌

巽之乾　驚

巽之乾　開

乾

大運辰土不主吉　定有牽連到衙門
祿馬沈沈多倒置　小心謹慎保安康

坎

後天位上仔細求　理真法密自然投
試問二親何庚相　母命屬羊父屬猴

艮

父親之命是屬龍　寿元高邁比老朋
錯配慈母屬猴相　不到頭時半路崩

震

二十三四先否後喜

巽

蟬聲初放喚秋涼　開簾聞得玉簪香
七月上旬初二日　你命挺然到人間

離

出井見天

坤

錯配妻宮屬兔人　不到頭時半路分
若問百年偕老對　必娶屬鼠命長存

兌

月老錯配好姻緣　夫若屬鼠命不堅
也是前生定就的　心要放開意要寬

巽之乾　開

家人

後天巽之離

巽之離　休

乾
日曬鷂首仲夏天　看得郊外起蝗螂
若知君命何特降　正當五月二十三

坎
自古英雄發少年　文章妙悟有多端
一十七歲恩星照　便入黌門喜氣添

艮
必當二十七歲間　邀得穩婆伴親娘
應了半夜虺蛇夢　載寢之地不寢牀

震
化開銀簪叅上銅　釵鐶首飾做的精
就是自己親骨肉　買來也要掙幾分

巽 不會讀書會念經　庵觀寺院去鳴鐘
無妻無子前生定　豈是紅塵路裏人

離 萱堂生在兔年中　已入陰府不回程
猴父獨旺高堂上　壽如松柏萬年春

坤 五十五六靜凶

兑 雙親堂上定年庚　嚴君合丑鼠歲生
配合慈母是何相　冲酉降於兔於中

巽之離 休

巽之離　生

乾　五十五六先喜后否

一枝丹桂在廣寒　嫦娥栽植待人攀

坎

君家磨就純鋼斧　採芹要到三十三

艮

大運交來至甲辰　風息浪靜舟自平

十載雖然無喜慶　都是安居不受驚

震

癸字日干丙辰時　此命主貴定無疑

仕宦遠大才名重　指日高陞鳳凰池

巽

秉性平和心最良　作事公道不要强
今生修下來生福　積與兒孫世發祥

離

日躔析木景蕭條　月鉤斜掛在梅梢
生你正當閏十月　初四呱呱聽兒號

坤

人生難得百年寿　日落西山不顯光
大限五十零三歲　魂魄逍遙赴天堂

兑

日躔大梁虹始見　斗柄輪轉又建辰
生你正當三月內　二十三日下凡塵

巽之離　生

巽之離　傷

乾

三十八九欠亨通　韓信走在未央宮

災禍定然從天降　小心謹慎主虛驚

坎

人生在世兩難全　得失窮通定在前

祇望曾參養曾晳　誰知顏路哭顏淵

艮

此刻生人身受忙　也去集市也走鄉

請問衣食何處覓　數定今世在深山

震

桃李開花朵朵紅　到得盛夏菓結成

妻交二十零三歲　洞房吩咐聽兒聲

巽 戊字日干時丙辰　令生必作仕宦人
不惜文章能報國　聲名直達帝王京
離 東風解凍魚負冰　草木萌動野青青
你命降在正月内　二十三日下天宮
坤 運行作交至甲辰　正似雛鳥習飛鳴
待得羽毛豐且厚　萬里程途一日行
兑 五十五六元吉

巽之離　傷

巽之離　杜

乾

運到甲辰至殘年　花開結實顆顆圓
從今坐享豐亨利　何勞早起又晚眠

坎

父爻不顯居坎位　安敦之象土命人
因知慈母冲戌者　后天查來是屬龍

艮

四十一二流年通　旱苗得雨勃然生
時來鐵也增光彩　堆積黃土變成金

震

父命冲午屬鼠相　西天路上不回程
老母屬雞有高壽　撫養蘭桂得芳名

巽

莫言樹老不開花　加意載培便發芽
流年交至五十九　麟兒天送起君家
丹桂庭前大發祥　森森五子立成行

離

內中主定有帶破　晚景衣祿甚吉昌
此刻生人主吉祥　濤奇四柱合財官

坤

運交庚子多興旺　輸粟損名亦好看
三九四十好流年　沖開墓庫發財源

兌

涸轍魚兒得了水　風浪滔滔遇大船

巽之離　杜

巽之離　景

弓馬嫺熟武藝精　此命也曾跳龍門
運蹇時衰遭革退　誰把老爺吽一聲
老蚌生珠莫恨晚　蟠桃結果自來遲
若問君命何日降　父交五十九歲時

乾　坎　艮　震

姻緣簿上定分明　兩地鴛鴦一處行
妻命配定長流水　壬長年命是屬龍
桂樹花開撲鼻香　紛紛桐葉落華堂
生長主定閏八月　算來都在二十三

巽 父命合丑與午沖　屬鼠之相去归陰
留下孀母天增寿　定然生在兔年中

離 不享祖業苦中尋　全憑手藝養其身
雲龍人物刻得好　刀刀見底起鋒棱

坤 卦中之理度數分　推算人間吉與凶
若生此刻功名顯　正路無能損納戚

兌 大運交來至甲辰　必有災殃緊纏身
官詞口舌無端起　錢財消散似浮雲

巽之離　景

巽之離　死

命中帶來小前程　何必讀書苦費功
輸貲納粟皇恩重　人人呌你太學生
乾坤二爻居旺地　雙親寿與松柏齊
后天查就難改易　父是屬鼠母屬雞
秋來鴻雁排成行　兄弟四人同一娘
數中前定你居長　各自出奇耀門墻

乾　坎　艮　震

金旺又逢秋

巽

隆冬數九雪花飄　水泉動兮景色蕭
生你當在十一月　二十三日下九霄

離

運交丙子女最良　三從四德耀一鄉
喜對粧台生瑞氣　精神加位勝才郎

坤

莫恨月老太多緣　連娶三婦喪黃泉
若是配了屬龍命　鴛鴦相會到百年

兌

此命主貴少人知　當自已也由妻
不比凡民霊富貴　帝王宗派掛紅衣

巽之離　一死

巽之離　　驚

乾　坎　艮　震

猛浪沖開比目魚　屬狗佳人赴陰司
重配屬龍成佳偶　百年偕老定難移
黃花開放滿籬香　正當九月二十三
後親喜應熊羆夢　門上懸弧增笑顏
後親位上問原因　南極星輝享大齡
父是沖午鼠歲降　配合慈母兎年人
月老主定姻緣簿　赤繩繫住世間人
郎君匹配屬鼠相　洞房花燭恩意深

巽 傷財惹氣

離

大運交至地支長　精神勃勃去臨民

邊庭奏績功不小　重重疊疊受皇封

坤

中天之世有八元　你的昆玉却相當

上二兄來下五弟　一母生身位居三

兑

天送麟兒世發祥　長子生在鼠年間

台來相續有二弟　鼎足扶持耀門墻

巽之離　驚

巽之離 開

乾

雙親位上卦中知　父是屬猴母屬雞

父爻健旺悠悠壽　母爻衰敗入土墟

坎

五十五六先否後喜

艮

牛郎織女已相分　梧桐樹上聽蟬鳴

生長定在七月內　二十三日下天宮

震

大運交轉至甲長　官爻健旺有精神

聖主推恩殿廷上　群黎祝頌遍途中

巽　離　坤　兑

桃杏花開朵朵香　姐妹二人不同娘
數中前定你居長　各自宜家百歲强
大運交來地支申　良金寶玉埋土中
也主煎熬心裡悶　蹭蹬官爵欠光明
卦爻推算數多奇　雙親位上報君知
父親若是屬鼠相　配合慈母定屬雞
滿樹桃花帶雨開　鴛鴦一枕欠和諧
佳人屬龍先尅去　再去猶龍命裡該

巽之離　開

益

後天巽之震

巽之震 休

二十三四動凶

乾 大運交來至甲辰 木尅土兮木受侵

坎 五年甲字財源散 五年辰字禍不生

艮 文章敏妙學業精 詩書不負苦心人

二十五歲恩星照 泮池之內去採芹

震 二親輪轉至一宮 兩命原來俱屬龍

母爻衰敗归泉下 父爻健旺在堂存

巽

身穿污衣手執笏　臉上熏得墨黑黑
請問此命做何事　一年四季弄油漆

離

父母宮中定得清　二陽上下挾一陰
母命沖酉屬兔者　父親必是猴年生

坤

虺蛇應兆產非男　父交三十五歲間
女命悠悠降在世　載寢之地報小祥

兌

雨後郊原半夏生　斗柄輪迴建午宮
五月上旬初四日　你命一定下凡塵

巽之震　休

巽之震　生

人生自古百歲難　此命何日上西天
流年交至六十一　祿馬沈沈不見光

乾
性情古傲難容物　苦口真言不害人

坎
待貧待富一个臉　不因勢利變其心
大運行來至甲辰　十年之內不遂心

艮
花開遇上連夜雨　船開撞上頂頭風
隆冬數九雪花飛　父母生你在羅幃

震
貴降主閏十一月　中旬十四到門扉

巽 人生若問作何業 受盡奔波似鳥飛
日升月沒輪轉動 努筋暴力把車推

離 楊柳枝頭鳥語喧 月鉤斜掛在簷前
生辰三月初四日 門上懸弧二親歡

坤 貴造若交丙子運 無吉無凶萬事平
人生遇此十年景 却莫妄為惹禍侵

兌 二十三四各

巽之震 生

巽之震　傷

乾

運行乍交丙子中　如花開放在三春
若要結實成佳菓　須多培養下苦功

坎

祿馬奇逢貴人頭　八字之中細推求
后日陞遷責任重　此運暫且坐知州

艮

此命若要見子面　烏鴉窠裡抱鳳凰
諸看百年身死后　送喪異姓作兒郎

震

東風吹動寒梅香　元旦佳節過幾天
正月上旬初四日　你命一定下塵寰

巽

人生立子是前因　妻交三十一歲零

洞房吩吩兒啼哱　承先啟后繼門庭

離　二十三四貞吉

坤

大運交來至甲辰　古鏡不塵々光明

去財惹氣心煩悶　十分憂愁十分驚

兌

五十四歲數不通　月被雲遮光未明

憂悶虛驚嚇破胆　求謀營幹一場空

巽之震　傷

巽之震　杜

乾

運交甲辰甚可誇　春日楊柳開了花
官幹私為俱吉利　百事如意百事佳

坎

老樹開花結果難　八字之中細推詳
全賴陰功積德厚　六十七歲生兒郎

艮

雨家有事你在中　實實虛虛作勸成
請問此命做何事　全憑巧嘴過光陰

震

西伯演就后天數　八字之中仔細尋
此命該有四个子　内有一位是貴人

巽

淒親之命入巽宮　后天數上斷分明

嚴君屬猴歸泉下　慈母雞相壽如松

離

五十五六流年通　作事謀為俱順情

范雎脱了魏齊手　去到秦國遇安平

坤

一心想覓蠅頭利　送往迎來氣平和

耕讀事業你不做　生意之中門路多

兑

大運走到丙子位　萬事齊備不少錢

千倉有粟人畜飽　安居高卧樂堯天

巽之震　杜

巽之震　景

乾　坎　艮　震

八字主貴不一般　乾卦之內細推源
功名路上總有分　交到申字把職捐
父命屬猴身受沖　已到陰府見閻君
配合慈母屬兔者　獨在堂前伴孤燈
枯樹開花根未息　紅鸞照命子可立
若問君身何日降　父親年至六十七
人生此刻營何生　乾柴到手用水噴
算你不做別樣事　編蘆打席度光陰

巽

日躔寿星玄鳥乃　桂花開放滿庭輝

生辰主定閏八月　上旬四日到羅幃

離

大運交到丙子中　必有災禍來臨門

官事纏身心納悶　荆棘之内莫問津

坤

金穴寄在坎離位　封鎖牢固沖不開

辛有知音扯一把　寶馬馱得進門來

兌

大運交來至甲辰　喜事重重到門庭

龍入海底生頭角　虎到山林長威風

巽之震　景

巽之震 死

乾

曲奏不終又斷絃
今生定認五岳丈

尅妻原本是前緣
娶過屬鼠保寿全

坎

日躔星紀是仲冬
生你正當十一月

梅開嶺上帶香濃
初四堂前見母親

艮

進親之相報君知
二人均享百年寿

父是屬猴母屬雞
松竹梅花冷候奇

震

女運交來至丙申
庫積金銀倉積粟

花開着雨分外紅
紅顏對鏡笑欣欣

巽 大鵬展翅

離 山長桂栢地長松　丹桂生於積善門
此命主定子息災　一个兒即是屬龍

坤 后天斷定手足宮　一母生來兩个人
次序排來你身小　各吐胸襟耀門庭

兌 並頭蓮花藕上生　鴛鴦交頸兩和鳴
一母胞胎人二个　他是弟來你是兄

巽之震　死

巽之震　驚

乾　鴻雁高飛過長江　手足宮中有三婆
上四兄來下一弟　生身有是一位娘

坎　受侮羣小

艮　菊花開放滿籬邊　鴻雁高飛過衡陽
生長已定九月内　初四生你到人間

震　運行交到子水中　官星透露顯光明
為民父母聲名美　爵祿加增受誥封

巽
一對鴛鴦水上遊　姻緣簿上細推求
若問女命配何相　男兒端得是屬猴

離
五行四柱論命宮　卦爻配合天地人
長男立了屬猴相　堂前三子甚芳榮

坤
進親卦上數中求　母命屬兎父屬猴
二人康强逢吉慶　悠悠相伴到白頭

兑
頭房妻宮配屬猪　沖祿沖財不旺夫
中道拆散西天去　再娶屬鼠若合符

巽之震　驚

巽之震　開

乾　后天卦位立因休
豫定人間親屬梢

坎　桃紅李白枝枝香
數中前定你居二

艮　二十三四悔

震　運交行轉至甲辰
甲字五年禾得雨

西伯陰陽妙用留
母親雖兮父為猴
姐妹七人不一娘
百年各自立家堂
十載千后不相同
辰字五年土埋金

巽

大運丙子魚得水　牧民勤政有遠聲
方呂經綸人罕見　爵祿加增受褒封

離

比目魚遭猛浪分　妻宮屬蛇命归陰
再娶佳人屬鼠相　方許到頭不相刑

坤

淡淡銀河駕雀橋　月鉤斜掛上林梢
正當七月初四日　你命一定下九霄

兌

雙親之命兩相沖　母命屬狗定归陰
老父在堂樂晚景　卦爻註就是屬龍

巽之震　開

无妄

後天乾之震

乾之震　休

後天定就此刻人　正柱推來官煞臨
運至辰地損職位　不能發達正路中

乾

八字推定論五行　父命尅去是屬龍
毋氏屬兔孤孀守　在堂洒淚鼓康寧

坎

佳期暮景好風光　父年交至六十三

艮

夢應熊羆叶吉兆　生你呱呱畫堂前
人生衣食共求身　生意行中把利尋

震

大街小巷去賣貨　手中不住細搖鈴

巽

草木黃落季秋臨　鴻雁前來看主賓
若問貴體何日降　閏九月十三誕生

離

大運交來至甲申　多少口舌在其中
案牘纏連官事重　何時跳出事非坑

坤

對對鴛鴦交頸鳴　香梅翠竹顯濃陰
妻宮屬猴壬申相　納音命是劍鋒金

兌

運交甲子祿重重　凡有謀為悉趁心
十年無阻添財喜　問利求名百事成

乾之震　休

乾之震　生

鴛鴦鸞鳳散幾番　三位夫人皆命七

四方再娶屬猴相　偕老方能到百年

乾

斗柄輪迴建丑宮　飄飄瑞雪滿乾坤

坎

生長主定十二月　十三降世保安平

椿萱並茂景多奇　父相為龍母屬雞

艮

先陰似箭催人老　堂上雙親百歲齊

女運生來至丙辰　長空萬里月光明

震

浮雲皆得風吹散　依依綠柳自成林

巽斧柯入手
天生丹桂茂堂堂
長子若立屬鼠象
嗷嗷鴻雁咩天邊
手足宮中無倚靠

離

坤

兑
此刻生人命不佳
自記祖先無繼業
乾之震　生

同林深處菊花香
上下無依獨自芳
隻影飛空亦可憐
孤身獨自繼家緣
猶如風雨打殘花
隨娘認父到人家

乾之震　傷

卦逢乾位是老金　手足宮中定得清
兄弟五人出一母　算來你是第二名

乾坎艮震

飛廉照命

節到孟冬景漸移　雲霧朦雪朦甚稀
十月十三君降世　露冷風寒百鳥淒
大運交來申字中　萬里無雲月正明
爵祿重加恩寵至　門光戶大蔭兒孫

巽

雙雙紫燕畫梁鳴　蝴蝶飛飛舞在空

女命匹配何庚相　永遠相守要屬龍

長子推查立命宮　先天主定是屬龍

離

天三生數毫不錯　茂盛堂堂品字形

后天查來父屬龍　寿如松柏夏冬青

坤

母氏亦在高堂上　却是兔年降其身

神書之內斷來清　妻宮屬狗定尅刑

兌

再娶是屬猴庚相　晚景還將福祿增

乾之震　傷

乾之震　杜

卦爻推算透天機　堂上雙親相不齊

乾　爻是辰年屬龍相　慈母酉相定為雞

坎　命宮度數定得清　手足行中仔細尋

祖妹四人不同母　惟有你小緊後跟

艮　十五六歲悔

震　甲子運有純有疵　震卦內定就無移

上五年倉中多粟　下五年水裡求魚

巽
大運交門至甲申　祿位重重有發興
才德濟世家聲振　功績彰明沐聖恩

離
妻宮屬龍主剋刑　再娶猴相振家風
皆因八字前生定　不必唏嘘太息聲

坤
節到中秋南雁旋　金風送暑噪秋蟬
生辰八月十三日　幾度光陰幾度年

兌
二親宮内一爻凶　母氏屬狗去归陰
父命屬鼠安然在　寿比商山四皓公

乾之震　杜

乾之震　景

乾

綠楊枝上子規鳴
命中榮太天生定

坎

后天推就今生事
萬里鵬程終可到

艮

桃李爭春吐異香
父年正交三十一

震

自來有失方成器
用手鼓吹爐中旺

六月十三好生辰
蟬聲初放聽佳音
二十一歲入黌門
獨步龍門第一層
蓁蓁枝葉滿庭芳
喜生女子在蘭房
豈是無風不鍊金
一錘打散滿天星

巽 甲子運中事業慌　幾番成敗幾番難
上五年心中不遂　下五年有喜有祥

離 雙親之命數不同　母若屬龍定遭刑
嚴君已定屬鼠相　寿元高邁百歲人

坤 十五六動凶

兌 雙親之命卦内評　時刻全能查對真
母氏冲酉兒年降　嚴父屬龍冲戌生

乾之震　景

乾之震　死

乾　十五六歲吝

坎　運行甲子禍重重
凡事謀為不遂心

艮　十年之內多阻滯
船到長江起大風

震　大運交臨至甲申
水過險地勢隨平

牧拾下罩船行穩
蕩蕩悠悠入海中

癸日申時貴無邊
富貴榮華全在天

食祿千鍾人共羨
勅封三代姓名宣

巽 人生此刻命多乖

讓你與他千遍好

離 地氣下降天氣升

閏十月内二十四

坤 寿源有定是前因

大限交至五十七

兑 牡丹花放正豐隆

生辰四月十三日

乾之震　　死

又仗義來又疎財

一時不到怨聲來

虹藏不見是孟冬

靈胎滿足見母親

却煞為災禍不輕

黃梁一夢去归陰

斗柄建巳王瓜生

靈胎滿月到紅塵

乾之震　驚

乾
四十六七流年凶
好花開放遭雨打

坎
老蚌生珠休說晚
末年生子方為美

艮
運行甲子禍重重
家門不利生災患

震
妻宮行年二十七
兒女造化皆前定

災殃禍患吃大驚
行船遇上頂頭風
蟠桃結菓莫怨遲
白髮纔添年少兒
口舌多端不得寧
皓月雲遮事未明
命該立子百事宜
家門吉慶福來齊

巽 生逢戌日時庚申 天乙貴人照命宮
腰金衣紫身榮顯 世食天祿荷君恩
離 平生立命見元辰 桃杏花開柳色青
生當二月十三日 巳育靈胎見母親
坤 甲申運交卦中求 初出源泉混混流
白水漸積成滄海 魚龍變化不須愁
兌 十五六歲貞吉

乾之震 驚

乾坎艮震

乾之震　開

大運交到甲申間　狂蜂釀蜜已盈筐
積娶已足三冬食　何愁風雨並年荒
父母宮中定的清　母命原是屬猴人
天五生數爻命土　桃紅柳綠正當春
驛馬本在命中藏　今生衣食在他鄉
震巽之利微微小　要發大財到離方
此爻發動有憂悽　有壽萱堂是屬雞
生身之爻是龍相　命到黃郊定無移

巽

運行六十三年歲　一門喜氣共洋洋

此定主生一貴子　目前晚景樂華堂

兄弟宮中祿馬真　今生必定有進人

離

棟樑之用超凡俗　一箇顯耀貴無窮

運行甲子月正圓　桂花盈魄色逾鮮

坤

旱地種田收稻粟　水路難行有大船

四十七八流年通　百般和順趁心情

兌

此年命主定星照　出入求財逢貴人

乾之震　開

噬嗑

後天離之震

乾　坎　艮　震

離之震　休

甲戌運中知名少　且宜自養莫逍遙

碩金鍛鍊方成器　璞玉受琢價偏高

戊日戌時人上人　高車駟馬耀鄉隣

黃金百鍊金光現　可擬常驪化作龍

幾多種樹不成陰　借手栽花却滿林

今生抱養別姓子　死後方有送終人

日躔降婁最為祥　靈胎滿月到人間

若問汝命在何候　正當二月二十三

巽離十九二十貞吉

桃李花開滿樹紅　夜間應夢有羆熊
妻年交至二十九　傳家生子長成人
甲寅運裡是險途　將軍入陣少人扶
幾年埋沒藍田玉　數歲飄流碧海珠
五十五一數不高　災禍紛紛恨怎消
已見雲煙迷徑路　更兼風景好蕭條

坤兌

離之震　休

乾坎艮震

離之震　生

大運交來至甲寅　百般和順趁心情

松栽深千嶺株秀　竹挺高軒萬筋新

石上芝蘭霜裡濃　秋後花開一朵紅

算君立子不得早　六十五上見兒童

主客二爻兩相當　青松翠竹傲嚴霜

慈母主定屬狗相　父命屬土卦中詳

烏鴉巢裡出丹鳳　熊羆穴內產麒麟

兄弟三人前生定　却有一位是貴人

巽 離 坤 兌

乾坤位上定得真　母命屬雞壽無窮
配合老父屬馬相　已入黄郊一土中
離坤推來度數清　五行四柱定生人
五十一二添財喜　任你東西南北行
人生若問作何業　此命主定該為商
物價低昂知不少　豐盈財帛有餘粮
甲戌運至且安身　名利途中費盡心
初年月向雲中隱　末限花從錦上生

離之震　生

離之震　傷

乾　坎　艮　震

五行命裡細推詳　人生此刻不尋常
運交得遇午大位　一定損職把名揚
乾坤位上一爻凶　父親馬相命歸陰
留下孀母屬兎相　獨居堂上伴孤燈
丹桂庭前生瑞氣　老樹花開菓結成
若問你命何時立　父交六十五歲零
一年四季不識閒　東來西去受奔忙
請問此命做何事　大街小巷定敲梆

巽離坤兌

高飛鴻雁望高翔　黃菊花開滿座香
生辰主定閏九月　靈胎落地二十三
運交甲戌禍端生　官詞口舌緊纏身
若不修省極力守　丢財惹氣大椎胸
姻緣簿上註得清　一對鴛鴦交頸鳴
妻宮屬狗壬戌相　大海水命兩相逢
甲寅運內主發興　種種喜慶到門庭
無寶山中逢美玉　等閑地內出黃金

離之震　傷

乾坎艮震

離之震　杜

斷斷絃絃復斷絃　連尅三妻怨老天
后娶必是屬狗相　許爾偕老到百年
朔風吹雪冬將殘　寒梅開處撲鼻香
若問元辰何日是　臘月正當二十三
日出東方又轉西　父命屬馬母屬雞
乾坤二爻皆建旺　百歲光陰壓盡期
大運交至丙午間　菱花照面喜洋洋
閨閣不生煩惱事　振家興旺出氣長

巽黃金入櫃

離 天賜孤兒屬虎相 得是萬邊種不須愁

風擺花枝都謝了 到得深秋一葉收

棠棣花開兩朵紅 兄弟宮中斷得清

坤 手足二人爭先後 一母生來係頭名

前世燒香爐內空 銅盆鐵帚趕嚴君

兌 自古紅顏多薄命 一定隨娘認父親

離之震 杜

離之震 景

鴻雁高飛過九江 看來兄弟有三雙
次序已定你為首 算你同父又同娘

乾坎艮震

惡人乘閒

孟冬交節小陽春 彤雲密布滿乾坤
十月下旬靈胎滿 二十三日見母親
大運交至戌土中 澤被生民起頌聲
忠心赤胆如君步 此地一定主遷陞

巽離坤兌

琴瑟調和聲自長　夫君屬馬配成双
鴛鴦一對長結伴　美滿恩情百世昌
兒女位上詢端得　多少原來是前緣
震宮長子立屬馬　鼎足三郎在眼前
乾坤位上爻象旺　会生一定亨遐龄
不沖不犯真然好　父是屬馬母兔庚
奧宮位上犯刑沖　佳人屬狗命歸陰
重婚再配又屬狗　方許偕老百年春

離之震　昰

離之震　死

五行命理推休咎　乾坤位上報君知
卦爻斷定君知否　父親屬馬母屬雞
蝴蝶雙雙過粉墻　姐妹五人不成人
數中前定你居四　生身同父豈同娘

乾
坎
艮　十九二十悔
震

甲寅運爻象不齊　問否泰卦中早知
上五年天衢走馬　下五年曲巷推車

巽 離 坤 兌

甲戌運中步步高　仕官途內顯英豪
為民父母多美政　撫字殷勤心受勞
池內鴛鴦交頸處　隄防風雨驟相驚
佳人屬龍要尅去　再娶屬狗見刑沖
桂花開放滿庭香　鴻雁雙雙到衡陽
若問保命何時降　正當八月二十三
一爻相併一爻因　母氏屬狗入土坵
老父屬虎高堂卧　壽享彭齡百歲秋

離之震　死

乾　坎　艮　震

離之震　鷺

荷花出水滿池香　鷗鷺鳥紛紛鬧鴛鴦

生辰正當六月內　脫離母胎二十三

聰明天賦性不愚　功名遲早應有時

二十三歲逢吉卦　一定脫白換藍衣

一枝丹桂出廣寒　姮娥雙手送下凡

若問女命何時降　父年正當三十三

紅爐鼓火火鎔金　做成器皿十分精

請問該做何手藝　化開白錫打壺缾

巽離坤兑

申寅運交卦內觀　吉凶分著有兩般
上五年破鏡難合　下五年缺月重圓
雙親位上一叉凶　尅去母氏定屬龍
留下老父天增寿　屬虎之相兔刑冲

十九二十動凶

五行命理定吉凶　推算人間二雙親
嚴君降在馬歲上　慈母必放[於]兔年生

離之震　驚

離之震　開

乾　十九二十春

大運交來至甲寅　崎嶇駁雜數欠通
壬了寶玉最難覓　失去明珠不易尋

坎

大運甲戌卜吉凶　淡雲蔽月不遮明
平正通達無多善　些微小恙莫掛胸

艮

癸日戌時定超群　八字輕清帶貴星
金馬玉堂人共語　龍樓鳳閣也知名

震

巽 離 坤 兌

胸襟洒落度超超　一片天機胆氣高
不是世間軟弱漢　鄉黨州里是英豪
翔風吹動嶺梅馨　雪花飄落滿乾坤
生辰主閏十一月　上旬四日下天宮
寿元長短非今生　五十九歲遇梟神
子規啼落三更月　一夢南柯笑不成
牡丹花放映天紅　樹上黃鸝弄巧聲
生辰已定四月內　二十三日下天宮

離之震　開

頤

後天艮之震

艮之震　　休

乾　乾坤二爻兩相合　父親生在狗年上
今生必定寿高强　母氏屬兔乾卦藏

坎　赤繩係定好姻緣　夫主已就屬狗相
緣水滔滔並頭蓮　百年相守兩周全

艮　匪人侵凌

震　嗣續本是前生定　長子立定屬狗相
人生難得强求成　森森三子躍門庭

巽

運交天干寅木中　官星燦爛顯光明

善政及民民自樂　忠心報主主加恩

離

一枕鴛鴦兩地分　室人豬相定尅刑

再娶屬虎為夫婦　百年和合稱心情

坤

日躔大火鴻雁來　朵朵籬邊菊花開

生長九月十四日　庚星拱照離母胎

兌

進進鴻雁排成羣　手足同為一母生

上三兄來下三弟　你命居在正當中

艮之震　休

艮之震　生

乾
金風起兮梧桐飄　寒蟬飛舞在林梢
生辰七月十四日　父母堂前見根苗

坎
大運交來至丙寅　猶如明月照當空
冰清玉白多奇政　渤海循良吏有名

艮
梅花開放滿枝繁　姐妹排成有四凄
算來你身居七位　同父必定不同娘

震
曲奏未終絃已斷　佳人尅去屬小龍
再娶屬虎為夫婦　方許永遠結同盟

巽
大運交至甲午中
上五年龍居滄海

離
母親屬狗命不牢
老父他是屬馬相

坤
二十七八悔

兌
乾坤位上數不齊
預報此造進親相

艮之震 生

巽卦之內卜吉凶
下五年虎出山林
算來今已到黃郊
鼓盆獨自壽源高

人生在世百年稀
父是屬狗母屬雞

艮之震　傷

二十七八動凶

乾

甲午運中數久通　財消禍至惱心中
若要平安無駁雜　下五午字福祿增

坎

功名路上終有分　何須每日掛心頭
二十七歲恩星照　脫白穿藍泮水遊

艮

進親父是屬馬人　寿如松柏萬年青

震

老母冲戌屬龍相　至今巳定去归陰

巽

卦中之理細推尋　后天數上查對明
此人不做别樣事　紙匠手藝養其身

離

隻親庚相不相同　后天位定得分明
父是沖辰狗年降　母氏沖酉兎歲生

坤

兒女原來是前緣　父交三十七歲天
此年合主吉星照　鮮花一朵降堂前

兌

日躔鶉首蜩始鳴　榴花開放滿堂紅
誕降本在五月内　中旬十四下凡塵

艮之震　傷

乾 坎 艮 震

艮之震　杜

何年辭世去天堂　祿盡當居六十三
花落已隨流水去　搖頭擺尾不還鄉
此命生得性情烈　怕綿只是不怕鐵
他人若是不講理　鬧他一箇馬不歇
甲午運中好悽愴　荆棘叢中起刀鎗
箭短難射天邊雁　船破怎得渡長江
仲冬天氣雪花飄　朔風凜烈上眉梢
閏十月生二十四　父母堂前添一苗

巽 今日纔上東北路 明天又要下西南
風寒冷熱全不怕 手執皮鞭打馬還

離 遙看西疇田鼠化 日躔星宿大梁邊
三月中旬十四日 門上懸弧喜事添

坤 大運交臨至丙寅 澤內行舟不起風
雖然行遲無遠路 何至翻船受大驚

兌 二十七八歲吝

艮之震 杜

艮之震　景

乾　坎　艮　震

丙寅運內問如何　日纔出地雲霧多
待至巳午風吹散　刀劍鋒芒石上磨
格屬清奇數內推　登雲平地一聲雷
初除知縣清廉位　日后陞遷東閣归
名園種得桃共李　枝上無花菓不成
蘭房若娶小媳婦　方保此命産兒童
草木萌動是孟冬　斗柄輪迴又建寅
生辰正月十四日　父母堂前長笑容

巽 妻命行年三十三 喜生一子在蘭房
人生遲早數有定 何須到處去燒香
離 二十七八貞吉
坤 甲午運中事未興 阻滯心中不遂情
馬行忽遇途間井 頻水開船起逆風
兌 五十八九流年凶 災危禍患久安寧
走馬橋頭忽然斷 進退徬徨主大驚
艮之震 景

艮之震　死

乾

運行甲午合豐盈　人臨旺地財自生

耕種收獲般般好　田蠶六畜共加增

坎

芝蘭在石作根難　雨露交滋要日長

全賴陰功積得厚　六十九上生一男

艮

張儀憑得三寸舌　取人鄉相不為難

你也說箇天花墜　只是掙人幾文錢

震

你命堪比竇氏翁　傳家有子五箇人

胸襟浩蕩堂前立　命中一男是貴星

巽　離　坤　兑

狗相原來是令尊　音容查對已難存
留下母氏孤燈守　筭他定是雞年生
五九六十氣象昌　豐衣足食有餘粮
財源滾滾三千浪　一輪紅日照中堂
離別家鄉別處去　一心要掙世間錢
風寒冷熱全不怕　外方買賣起家緣
大運交臨至丙寅　人間大務已隨心
得罷手時就罷手　可安身處且安身

艮之震　死

艮之震　驚

乾坎艮震

后天斷定文星退　命逢此刻數尚高
正路功名難望取　也主捐納遲英豪
今尊生在狗年中　去到黃泉路上尋
母氏冲酉屬兔相　堂前獨在享遐齡
人生到世原非偶　多積陰功后始有
若問君身何日降　丈年交至六十九
貨物破壞使不成　取來拏在你手中
武藝高強補得好　即此可以度光陰

巽 離 坤 兑

桂花開放滿園香 一輪明月正團圓
生辰定在閏八月 中旬十四到人間
丙寅運交數久通 多少口舌是非生
荊棘叢中難進步 恐怕官詞纏不清
大事先從小事成 深山松柏去方青
知音定在坎離上 伴著仙郎朝玉京
甲午大運福綿綿 財利盈門喜氣添
開山定然逢金穴 掘地一定見甘泉

艮之震 驚

乾 坎 艮 震

艮之震 開

鴛鴦本是同林鳥 幾番驚散各西東
室人已定尅四个 五房定配屬虎人
雪花飄落滿乾坤 斗柄建子是仲冬
十一月內十四日 沐浴胎泥見母親
青山依舊水長流 父是屬狗正中秋
慈母屬雞安然在 福寿雙全到白頭
女運交至丙戌宮 春滿花開色正紅
遊魚得水浮沉樂 亦不憂疑亦不驚

巽 利見大人

離

坤

兌

卦中之理細推詳　后天數定不虛談
命內一子為何嗣　必然生在馬年間
八字能通造化機　弟兄三个命難齊
數中前定身居二　手足同娘更出奇
熊羆入夢早流芳　天然喜事到人間
紅鸞照命重重喜　一腹雙生兩个郎

艮之震　開